CONFORMITY

The Power of Social Influences

同調圧力

デモクラシーの社会心理学

CASS R. SUNSTEIN

キャス・サンスティーン　永井大輔・髙山裕二 訳

白水社

同調圧力——デモクラシーの社会心理学

CONFORMITY

同調圧力＊目次

装幀＝コバヤシタケシ　組版＝鈴木さゆみ

凡例

一、本書は、Cass R. Sunstein, *Conformity: The Power of Social Influence* (New York: NYU Press, 2019) の全訳である。
一、訳中の（ ）、［ ］は原著者によるものである。
一、原文中のイタリック体で記された箇所には、原則として強調点を付した。
一、訳者による補足および簡単な訳註は、すべて〔 〕を括って挿入した。

謝辞

この小著が出るまでには、長年の紆余曲折があった。二〇〇三年の初めに、私はハーヴァード大学ロースクールにおいて、「同調と異論」と題し、オリヴァー・ウェンデル・ホームズ・ジュニア講義を行なった。講義中および講義後に受けたコメントを参考にし、同講義は再構成・加筆を経て『なぜ社会には異論が必要なのか』という本に姿を変え、二〇〇三年後半にハーヴァード大学出版局から出版された。もともとの講義の文章と同書とのあいだには、もちろんかなりの重複がある。しかしながら、私は元の講義の文章に対する愛着を捨て切れなかった。そちらの方が文章は著しく短かったが、議論の的は絞れているし、論争になりそうな要素は少なく、説教臭さも少々弱めだった――加えて探究心旺盛で、ある意味では長く読まれるだけの価値がある（と思いたい）。

これを書いて以来、世界では同調の問題に対して、またそれに関連してアイデンティティや過激主義、カスケードや〔集団〕極性化、そして多様性の問題に対しても、注目度が増している。本書はもともとの文章を最新バージョンにしたものであり、はしがきを新たに加えたほか、主として最新の状況に合わせ説明を明確にする目的で、さまざまな変更を加えてある。議論の元になっている社会科学に関していえば、二〇〇三年以降に大きな進展がいくつもあったことは、筆者も重々承知している。

研究分野での進歩がとどまることはないが、最新の研究動向をまとめ、論争の的になりやすそうな主張や知見に依拠しないよう最善は尽くしている。

本書が出来上がるまでには、さまざまな人の協力があった。ジェイコブ・ガーセン、リード・ヘイスティ、デイヴィッド・ハーシュライファー、クリスティン・ジョルズ、キャサリン・マッキノン、マーサ・ヌスバウム、スーザン・モラー・オーキン、エリック・ポズナー、リチャード・ポズナー、リオー・ストラヒレヴィッツ、エドナ・ウルマン＝マルガリート、リチャード・ゼックハウザーには、有益な議論とコメントについて感謝申し上げる。私のエージェントであるセアラ・チャルファントには手助けと支援を、編集者のクララ・プラッターには本書全体にわたり、とりわけはしがきとの関連で、貴重な意見をいただいた。深く感謝する。アンドルー・ハインリックとコーディ・ウェストファルにはすぐれた研究支援をしてもらった。

はしがき

同調は、人類と同じくらい長い歴史をもつ。エデンの園では、アダムがイヴに追従した。世界のさまざまな大宗教が広まったのは、同調の産物だといえる部分もある。このテーマに関して、とくにキリスト教やイスラム教、ユダヤ教に注目した本はいまだに出続けている。[1]寛大であれ親切であれ、か弱き者に対する配慮や人としての尊厳の重視であれ——こうしたものはみな、同調によって助長されるのであり、同調は一種の社会的な接合剤の役割を果たすのである。[2]

同調によって暴虐な行為が実現してしまうこともある。ホロコーストはいろいろな要素をもっていたが、とりわけ顕著な点として、ホロコーストは同調がきわめて巨大な力をもつことの証だったと言える。共産主義の台頭もまた、この力を表わしたものだった。現代のテロリズムは、貧困の産物でもなければ精神疾患や無教育の産物でもない。その大部分は、人が人に与える圧力の産物なのである。そうした圧力は同調と大いに関係がある。ある政党の人びとが一緒になって練り歩き、決めつけた態度や熱狂を募らせ、他の政党の人びとを嘲笑うときは、同調が機能している。同調は、最良のかたちばかりでなく最悪のかたちでも、ナショナリズムを焚き付けるのである。

本書を読めば分かるのだが、同調という概念は見た目よりもはるかに興味深く、複雑である。ただし二つの要点を押さえれば、同調が機能している事柄の多くを言い表わすことができる。一つは、何が真実で何が正しいことなのかという情報を、自分以外の人の行動や発言が提供するという点である。仮に自分の友人たちや近隣住民が何か特定の神を信じていたり、移民の流入を恐れていたり、今の国のトップの人物が大好きだったり、気候変動などでっち上げだと考えていたり、遺伝子組み換え食品は危険なので食べてはいけないと思っていたりした場合、自分がそれらすべてを信じてしまったとしても不思議ではない。そういった人びとの考えを自分の信じるべきことの根拠にするのは、もっともなことだからである。

もう一つは、自分以外の人の行動や発言は、その人に好かれ続けていたい場合に（あるいはまずその人に気に入られるために）何をすべきで何を言うべきかを教えてくれる、という点である。たとえ心の奥底では賛同していなくても、本人たちの前では口に出さずにおくこともあれば、賛同することだってあるかもしれない。一度そういうことをすると、自分の内面が変わっていくのに気づくかもしれない。相手と同じように振る舞い始めることもあれば、ことによっては相手と同じように考え始めたりもするのだ。

同調というテーマは特定の時代や地域に限られたものではなく、私としては、このテーマを論ずる本書もそうであってほしいと考えている。だが、現代のテクノロジー――とりわけインターネット――が、この長い歴史をもつ現象に新たな光明を投げかけていることは、指摘しておいて損はない。均質性の高い小さな僻村に暮らしているとしよう。自分の知っていることのほとんどは、その村で知られていることに限られるだろう。自分の信じていることが隣人たちの信じていることの丸写しになったとしてもおかしくはない。まったく合理的な判断をする人間でありながら、本人の信じていることがまったく合理的でない可能性だってあるのだ。〔元連邦最高裁〕裁判官ルイス・ブランダイスの指摘にあるように、「男が怖れたのは魔女、だが彼らが焼いたのは女」[3]なのである。

みずからの想像力や実体験によって別の指針に至らないかぎり、人は身の回りの人びとと同じように行動し、思考するものである。たしかに、一部の人間は周囲に従わず、彼らの存在によって社会のもつ情報資源が豊かになることもある。そうした者にとって、逸脱することは同調することよりもはるかに魅力的である。彼らはみずから望んで逸脱しているのだ。だが自分にとっての世界が限られているならば、物の見方もまた限られてくるものだ。人が見たり想像したりできるものには、限りがあるのである。

今度は、どこに住んでいようと自分の時間の多くをインターネットに費やしているとしよう。ある意味では、この世界全体を自分の好きなようにできるわけだ。「世界の宗教」を検索してみれば、驚くほどの短時間でたくさんのことを学べる。「気候変動をめぐる作り話」を検索にかけてみれば、さまざまな見解を発見することができるし、もしその話題に一、二時間付き合うつもりがあるなら、科学者たちの考えについて最低でも大まかな知識くらいは得ることができるだろう。「遺伝子組み換え食品の健康リスク」で検索してみると、いろいろな種類の研究やさまざまな記事が見つかるし、なかには非常に専門的なものだってある。信頼できるものを選別するのは容易ではないかもしれない。ネット上には無数の虚偽情報がある。しかしここで大事な点がある。すなわち、たとえ同調する方向に心が傾いたとしても、何に、あるいは誰に同調するかを決める前にやらなければいけないことが結構あるということだ。

大体の意味においては、これは人類にとって途轍もない進歩である。われわれのもちうる視野は、かつてに比べてはるかに広くなったし、とどまることなく広がり続けている。同時に、人類は部族的になったようにも思われる。われわれはどこに住んでいようと――小村だろうと、ニューヨークやコペンハーゲン、イェルサレム、パリ、ローマ、北京やモスクワだろうと――帰順対象をもつようになる。いったんそうなると、他の人びとよりも一部の人びとからの情報シグナルに付き従うことになるのだ。人は自分が愛し、尊敬し、好み、信用する者からの是認を受けたがる。それゆえ、たとえ目の前にいくつもの部族が存在していようとも、またそのなかから選ぶ自由があったとしても、同調圧力は依然として残るのである（私は、友人になったばかりの相手に、なぜわれわれはそこまでお互いのことが気に入っているのか尋ねたことがある。彼女は即答した。「同族だから」）。

このように書いていると、世界では部族主義の復活が起きているように思えてくる。アメリカ合衆国やヨーロッパ、南米では、人びとが政治や宗教、人種、エスニシティによって規定されたアイデンティティをもつ部族に、みずからを仕分けていっているようだ。もちろん見た目だけでは誤った印象を与えることもあるし、本当にそのような復活がみられるのか知るためには、入念に分析する必要があるだろう。だが、数えきれないほどの人びとに対して、広くインターネット、とくにソーシャルメディアが、同調圧力の生ずる新たな機会を増やしていることは疑問の余地がない。

まずは情報シグナルの話からしよう。自分のフェイスブックのページやツイッターのフィードでは、自分の気に入った、あるいは信用している人びとから、ありとあらゆるデータを受け取る可能性がある。彼らが伝えてくるものは、国のトップの人間のことや、犯罪、ロシア、ＦＢＩ、ＥＵ、新商品、子育てのしかた、新しい政治運動などに関すること――つまりは何でもありうるのだ。その人たちが言ったことは、その人たちが言ったからこそ信用できるとされているのかもしれない。今度は自分の評判や世間的な地位に対する心配に目を向けてみよう。もし自分のネット・コミュニティで誰かがある考え方をした場合、人は相手と意見を違える気にはなりにくくなったり、あるいは相手に同意しやすくなったりする。むろん、これは相手方とのつながりの強弱によって大きく変わる。ひょっとしたら、相手が自分のことをどう思うかなど気にかけない人だっているかもしれない。しかし気にかけている人間は実際に大勢いるのだ――だとすると、そうした人びとは同調しやすい傾向にあるということになる。

同調に単純な評価を下したところで、まったく意味をなさないだろう。一方では、文明の存立は同調によって支えられている。その反面、同調はおぞましい行為を生み出したり独創的な力を潰したりもする。私が本書で強調したいのは、同調の力学――同調は何をし、どのように作用するのか――についてだ。私としては評価は全体的に、機微をとらえることに重きを置いた感じになっていればよいと思う。もし周囲に馴染めない人間や反発する人間を引き合いに出して語るところで文章が一番生き生きとしていたのならば、それは私の性分によるものである。

同調のもたらすものは有益であるにもかかわらず、それは同時に、人間の魂でもっとも貴重かつ不可欠なものを潰してしまう。ボブ・ディランの謎めいた歌詞で、私が気に入っているものがある。それはこんな歌詞だ。「法の外で生きるには、正直でいなければならない」[4]。

序章　社会的影響の力

人はどのようにして互いに影響を与えているのだろうか。異端児や不平分子、非順応者や懐疑派のもつ社会的な機能とは何だろうか。これらの問いに対する答えは、どのような意味をもつのであろうか。手始めに、糸口となる次の三点について考えてみよう。

一、数年前に、別々の二都市から住民を大人数集め、通常六人からなる小グループに分けた。[1] 各グループには、目下のところ議論がもっとも激しい三つの問題、すなわち気候変動、アファーマティブ・アクション〔積極的差別是正措置〕、同性婚について討議してもらった。この二都市とは、投票傾向において中道左派が優勢なボールダー市と、投票傾向において保守派が優勢であることで知られるコロラドスプリングス市である。二都市の住民らには、最初に自分個人の見解を匿名で記し、そのあとで一緒に討議を行なってグループとしての判断を出してもらった。討議後、参加者それぞれには、討議後における自分個人の見解を匿名で記入してもらった。はたして何が起きたと思われるだろうか。

グループでの討議を経た結果、ボールダー市民は三点すべての問題について左傾化した。対照的に、コロラドスプリングス市民は著しく保守化した。グループでの討議には、各個人の意見を過激な状態へと向かわせる効果があったのである。気候変動、アファーマティブ・アクション、同性婚に関するグループごとの「評決」は、討議前のグループ構成員の平均よりも過激になっていた。さらには、個々の成員が匿名で記した見解も、話し合いを始める前のものに比べて、討議後には過激になっていたのである。

結果的に、討議によってボールダー市民とコロラドスプリングス市民との差違は一気に広がった。討議をするまでは、両市の多数の個人において同じ傾向をもつ部分はかなりあった。討議のあとではそうした部分が大きく減少した。リベラルと保守派の隔たりはより鮮明になった。両者は、政治において互いに異なる世界を生きていくことになったのである。

二、特定の違反行為をはたらいた者にどれだけの刑罰を科すべきかを、ごく一般的な市民に個人単位で答えてもらった[2]。彼らの回答はゼロから八までの段階で計測し、ゼロは一切の罰を与えず、八は「かぎりなく厳しい」罰を与えるものとした。各自はそれぞれの判定を出したあと、六人一組の陪審に振り分けられ、陪審ごとに審理を行なって全員一致の評決を出してもらう。個々の陪審員が軽い刑罰の方を好むという場合、審理を行なった陪審には「寛刑化」、すなわち話し合いを始める前に個々の陪審員がつけた判定の中央値よりも規則的に低い数値が出る現象が起きた。言い換えるならば陪審は、審理前にみずからの陪審員が出した中央値よりも寛大な結果に行き着いたのである。

だが、個々の陪審員が重い刑罰の方を好んでいる場合は、グループ全体としては「厳刑化」、すなわち話し合いを始める前に個々の陪審員がつけた判定の中央値よりも規則的に高い数値が出る現象を起こした。したがって討議を行なった陪審は、それぞれのなかで陪審員が出した中央値よりも厳格な結果に行き着いたのである。この変化がどちらの方向にどれだけはたらくかは、個々の陪審員がつけた判定の中央値によって決まる。開始時点における個々人の判定が寛大であった場合、グループではさらに寛大になった。開始時点において判定が厳格であった場合は、さらに厳格になった。後者の結果は特筆に値する。もしグループの構成員に激しい憤りを抱く者がいたならば、グループはさらに憤激の度合いを強めることになるからだ。

三、アメリカ合衆国では、連邦控訴裁判所の裁判官たちが、三名の裁判官からなる合議体に同席した他の裁判官から影響を受けるのかどうかの調査が行なわれた。[3] 裁判官はみずからの法解釈に従って票を投じるものであり、けっして同調圧力に影響されないものだと憶測しそうになるが、このような考えは間違いであることが判明している。

共和党政権によって任命された裁判官が、共和党の大統領が任命した他の裁判官二名と合議する場合、市民権やセクシャルハラスメント、環境保護等々の問題がからむ訴訟において、紋切り型のように保守的な傾向で票を投じる可能性はきわめて高くなる。あるいはもっと特筆すべきなのは、民主党政権によって任命された裁判官が共和党側に任命された二名と合議する場合もまた、紋切り型の保守的な傾向に票を投じる可能性が強くなるという点だろう。そして三名とも共和党政権に任命された裁判官が合議する場合には、重大なことが起きる。すなわち、紋切り型の保守的な結論が出る確率が跳ね上がるということだ。民主党側に任命された場合も、同様のパターンがみられる。そのように任命された三名が合議すれば、紋切り型のようにリベラルな傾向が出る可能性はきわめて強くなるのである。

要するに、民主党なり共和党なりに任命された裁判官がどのように投票するのかは、同じ政党の大統領に任命された裁判官一名ないし二名とともに合議するかどうかに非常に大きくかかっているのである。紛れもなく、ここには同調の一類型がみられる。すなわち、共和党政権に任命された複数の裁判官と同席した場合、民主党政権に任命された裁判官は共和党側のような票の投じ方をすることが多くなり、民主党側の複数の裁判官と同席した場合、共和党側の裁判官は民主党側のような票の投じ方をすることが多くなるのである。

私たち一人ひとりにとって、同調することは多くの場合において合理的な選択肢なのだが、私たちの全員もしくはほとんどが同調してしまうと、社会としては最終的に大きな間違いを犯すことがある。人が同調する理由の一つは、自分自身ではあまり十分な情報——ヘルスケアに関して、投資に関して、法律に関して、そして政治に関して——をもっていないことが多く、自分がどうするべきかについては、他の人間による判断が、入手しうるかぎりで最大の情報をもたらすからである。主要な問題点は、同調が広まると、一般の人びとにとって必要な情報を得る機会が奪われてしまうということである。同調する者は社会の利益を守り、集団のために口をつぐんでいると思われがちで、しかるに異議を唱える者はわがままな利己主義者であり、勝手に物事を始めてしまう人だと見なされがちである。しかしある重要な点においては、これとは逆であるといった方が真実に近い。数多くの状況において、同調する者はおのれに利するのに対し、異議を唱える者は他人に利するのである。

民主主義がよく機能している国家では、さまざまの制度によって同調に付随するリスクを下げている。なぜなら、そうした制度によって同調する者が異議を唱える者から知識を得ることが保証され、それによりもっと多くの情報が表に出る確率が高まり、全体にとっての利益になる、ともいえるからである。第二次世界大戦時のある高官は、連合国が成功し、ヒトラーなどの枢軸国が失敗したのは、民主主義国家の方が国民が細かい点まで物事を調べ異論を出す能力が高く、それゆえ軍事行動も含め、過去の指針や提案された行動方針を改善できたからだと述べている。(4) 精査と異論が可能だったのは、懐疑を口にする人間が法で罰せられることがなかったからであり、また社会的な圧力というかたちで行なわれる非公式の処罰が比較的弱かったからだ。

この主張を念頭においたうえで私は、個人が集団から受ける影響とそれがもたらしうる有害な結果について理解することは、以下のような幅広いさまざまな問題の解明に役立つのではないかと考えている。すなわち、うまく機能する憲法の構造とはどのようなものか、過激主義、権威主義の台頭、三権分立の重要性、「エコーチェンバー現象」の問題、言論の自由が社会の仕組みとして成立するための前提条件、リベラルな政治体制の定義、現代のソーシャルメディアの功罪、二院制の役割、社会規範による束縛の効果、民族対立や急進主義の原因、戦時および社会的パニックや魔女狩りが発生しているなかでの自由権の重要性、陪審の動き方、多様性がアメリカ連邦政府の司法機関にもたらす効果、高等教育におけるアファーマティブ・アクション、たとえ実際に適用したことがなくても法が多大な結果をもたらしうる点などについてである。

本書の全体を通して私は、個人の考えや行動に対する二種類の影響に焦点を当てていく。一つ目は、他の人間の発言や行為によってもたらされる情報が関係してくるものである。大勢の人びとが何らかの主張を正しいと考えているようであるなら、その主張が実際に正しいものだと考えるのも一理ある。私たちが考えることのほとんどは——事実や道義、あるいは法律についてであろうと——直接体験で得た知識の産物ではなく、他人がしたことや考えたことを見聞きして生み出されたものである。その他人もまた大勢の人間にただ追従しているだけなのかもしれないが、それでもこの事実は変わらない。実生活においては、そうしたことが大問題になることもある。法においては、この現象によって判例法主義の体系にとって深刻な問題を引き起こすことがある。というのも、控訴裁判所がその前の法廷に追従し、その法廷もまたそれに先立つ判例に従っているとなると、誤った判断が無際限に続けられ広まっていくという危険を招くからである。こうした問題は、それ自体も重要であるが、多くの社会的な現象の喩えになっているという点でも重要であると見なすことができる。

ほかの人に比べて、単純にもたらす情報が多いという理由で、はるかに大きな影響力をもっている人もいるということもまた事実である。とりわけ私たちは、自信のある人（いわゆる「自信ヒューリスティック」）や特殊な専門知識をもっている人、いかにも自分たちと同類であるような人や一番よい成果を出している人、そのほか何らかの信頼するに足る理由がある人に追従しがちである。「いかにも自分たちと同類であるような」という言葉は、ことさら取り上げておくだけの意味がある。良くも悪くも、私たちの考えに一番大きな影響を与えるのは、そうした人たちの考えであるからだ。

二つ目の影響は、他人によく思われたい、よく思われていたいという人間にあまねく存在する願望である。大勢の人びとが何かを信じているようであれば、少なくとも表立って彼らと意見を違えようとしないのは、一理あることなのだ。とりわけ忠誠や感情の絆で結ばれた集団に言えることだが、そうした集団にかぎらず、他人からよく思われ続けたいという願望は、同調を助長し異論を押し潰すので、それによって知識を得ることが妨げられ、嘘の情報が固着し、教条的な姿勢が拡大して、集団としての能力を損なうことがある。政府の最高権力の領域では——ホワイトハウスも含め——これは深刻な問題になりうる。結束の固い集団が、しばしば軋轢や意見の相違を抑圧することで、まさにそうした理由により不調をきたす点については後述する。いずれにせよ、人間の行動の多くは社会的影響の産物である。たとえば従業員は、同じ職場の人間もやっているのであれば、訴訟を起こす可能性がはるかに高くなる。(5) ほかのティーンエイジャーたちが出産しているのを目にする女子のティーンエイジャーは、自分自身も妊娠する傾向が強くなる。(6) ほかの人たちがやっている行動を認知することは、暴力犯罪の犯罪率に大きな影響を及ぼす。(7) 放送局はお互いを真似し合い、それによって、番組作りにおいてほかには説明のつかないような一過性の流行を生み出す。(8) また下級裁判所においても同様のことが、とりわけ専門性の高い分野の場合には、ときとして発生しており、これによって司法の誤りがいつまでも正されないことがある。(9)

社会的影響を嘆くべきではないし、なくなればいいのにと願うべきでもない。たいていの場合、他人のすることをしっかり考慮した方が結果がよくなる。場合によっては、他人のすることに盲目的に追従するのが最善だということすらある。しかし社会的影響はまた、あらゆる集団内において情報の総量を減少させ、たいがいは個人なり機関なりを誤った方向へ導く恐れもあるのである。異論を唱えることは是正を促す重要な要素なのだが、多くの集団や機関はこれを軽視しすぎている。(10) あとで触れるが、同調する者はタダ乗りしているだけなのに対し、異論を唱える者はほかの者たちに恩恵をもたらすことが多い。

これも後述することだが、考えの似通った人びとからなる集団は、社会的な圧力によって極端な見地に至りやすい。集団が憎悪や暴力に呑み込まれるといっても、それが経済的な貧困やもとから存在する疑念のせいであることはめったになく、本書で論じられるような、情報や評判をめぐる影響から生まれたものであることの方が、はるかに多いのである。むしろ、いわれのない過激主義というのは、「機能不全の認識方法」が招いた結果であることが珍しくない。この「機能不全の認識方法」では、過激な者たちが、自分の主張に直結するごく一部の情報、しかもほとんどの出処が自分の仲間内であるような情報に、反応を示しているのである。

そこまで劇的なかたちでなくとも、同じような過程は発生する。立法府や官僚機構、法廷の内部における大規模な変動の多くは、社会的影響との関連で説明するのが一番である。立法府がそれまでなおざりにしていた問題——たとえば不法移民や気候変動、有害廃棄物の投棄、企業による不正など——に突如として関心を示すような場合、しばしばそうした関心は、問題に対して本気で関わり合おうという意識からではなく、同調効果によって生まれたものである。もちろん、こうして新たに関心を示すのは至当なことではあるだろう。だがもし社会的影響によって、人びとが自分のもっている情報を隠す方向に動くのならば、深刻な問題が起こりやすくなるのだ。

大事な点はそれだけにとどまらない。比較的小さな「ショック」を与えるだけでも、社会的影響によって、同じような集団は考えや行ないをがらりと変えてしまうことがある。社会ごとに差異がある場合や、時間をかけて大規模な変化が生じるという場合、その理由は私たちがふだん目を向けるところにあるのではなく、些細な、ことによると捉えがたいような要因にあることが多い。大きな変化の説明として、思いがけない運の巡り合わせというのが最適解であり、文化や歴史の流れについての深い考察は聞こえはよくても間違っている、といったことがよくあるのだ。

情報による影響、そして人が他人からよく思われたいという気持ち、これらをしっかり評価することによって、法令がいつどのようにして、実際に執行されることなく——そして法令が出すシグナルの力だけによって——人びとの行動を変えうるのかが、明らかにしやすくなる。ここで核心となっているのは、どうしなければいけないかということと、どうしなければいけないと大半の人びとが思っているのかということの両方について、法令が信頼性の高い証拠を提供しうるという点だ。公共の場での喫煙を禁止したり、セクシャルハラスメントを禁止したりする法令について考えてみよう。もし人が、その法令が大半もしくは全員の見解を代弁していると思っているなら、違反する恐れのある人は、喫煙なりセクシャルハラスメントなりを行なう可能性が弱まる。また、被害を受ける恐れのある人も、たとえば法的に責任のある立場の者に注意を促したり、違反者に法令を遵守するよう強く迫ったりして、法令を執行する措置に出る可能性が強くなるのである。二〇一七年から二〇一八年にかけての #MeToo 運動には数多くの原因があったが、この運動には本書で注目する現象のいくつかが密接に関わっている。法令の存在は、セクシャルハラスメントを禁じるものであることによって、運動の実現に貢献したのである。

そう考えるならば、法には「表出機能」があるという、かなりの論議を呼んでいる主張に対して理解を深めることができよう。[16] この機能のもつ力により、法令は社会でのカスケードを食い止めたり加速させたりすることすらできるのである。ここでもまた、喫煙とセクシャルハラスメント方面の話が有効な例となる。そして #MeToo 運動はカスケードの一つと見なすことができる。だがもし違反する恐れのある者たちが反体制的なサブコミュニティの成員であるならば、彼らが法令の表出機能に抗うことができてもおかしくはないし、仲間の反体制分子たちが団結して互いに法を破るよう勧め合うこともありえる。それどころか、情報や評判にかかわる要因は、たとえば麻薬を使用したり国税法に従わなかったりといった、法令無視を横行させることさえあるのである。[17] 法がもつ表出の力は、道義面における権威という法の機能の一端であり、あるサブコミュニティの内部において法令がそうした権威を欠く場合には、法令が出すシグナルは効果がなくなるか、もしくは逆効果にさえなりかねない。法では「ノー！」とされていても、「イエス！」と言いたくなる者は出てくるのである。

本書は四章に分けられている。第一章では、全体をまとめる中心的なテーマについて詳しく説明する。そのテーマとは、多くの情況において人間はみずからの内に秘めたシグナル——何が事実なのか、何が正しいのかについて——を出すのを抑えており、このような抑圧は社会的に重大な害を引き起こすことがある、というものである。第二章では、社会でのカスケードに目を向ける。このカスケードによって、ある考えや行ないが人から人へと速やかに広まっていき、大きな転換へとつながっていくことも可能になる。第三章では集団極性化に焦点を当て、似たような考え方をした人びとの集団がどのようにして、なぜ、いつ極端に走るのかを究明する。

第四章では制度について探っていく。合衆国憲法の起草者たちの功績とは、討議民主主義を支持したことと、認知における多様性とは肯定すべき善であり討議をより良いものにする可能性が高いと説いたことだと私は強く主張する。認知における多様性に対するこの熱意が、抑制と均衡および連邦制という仕組みを説明するうえで役に立つ。また、連邦裁判所の裁判官席のあり方について色々な見解を提供しようとするのは大切だということも言っておきたい。むしろ、控訴裁判所においては、合議体に別々の政党の大統領に任命された裁判官たちが入っている確率を高くするような考慮がなされるべきである。

連邦政府の司法機関における多様性について分析することは、それ自体で興味深いものではあるが、私はこれを、認知における多様性が重要であって同調は有害な効果をもたらすような、数多くの情況の一例としても扱うつもりである。これと並んで私はまた、人種の多様性によって議論の質が高くなるような場合は、大学が人種の多様性を推進するのはまったくもって正統なことであるとも強く主張する。

第一章　同調はどのようにして生じるのか

人はなぜ、いつ、ほかの人がしていることをやるのだろうか。この問いに答えるには、答えるのが難しい問題と難しくない問題とに峻別しないといけない。自分は正しいという自信があるときに人は、自分が最善と思うことをやる方に意欲が強く、衆意には耳を貸さないと推測してもよいだろう。何通りかの実験によってこの推測は証明されているが、同時にいくつかの特異点も出てきている。なかでも重要なものは三点挙げられ、本書全体において大きく扱っていく。

一、揺るがない自信のある者は際立った影響力をもち、そのままであれば変わらないであろう集団を一変させるような方向に導くことがある。

二、人は、他の人びとが全員一致の見解であると極度に影響を受けやすくなる。だからこそ、ひとりだけでも異論を唱える者、あるいはまともなことを言う者がいれば、非常に大きな影響がある。

三、誰かが自分たちの信用していない、あるいは嫌っている集団、一種の「外集団」の人間であるならば、至極単純な問題についてであっても、そうした者が自分たちに影響を及ぼす可能性はきわめて低くなる。(1) それどころか、真逆のことを述べたり行なったりするかもしれない（いわゆる「反発的な低評価」）。そしてもし誰かが自分たちも属する集団の者であるならば、答えるのが簡単な問題あるいは難しい問題どちらについても、そうした者が自分たちに影響を及ぼす可能性はきわめて高くなる。感情による絆は、他の人間の発言や行為に対する私たちの反応に大きな影響を与えるのである。

普段の生活についてもそれなりのことは言えるだろうが、私の最大の目的は、これらの点が政策や法令にどのように関係しているのかを知ることである。まずはいくつかの古典的な研究を振り返ってみよう。

答えるのが難しい問題

一九三〇年代に心理学者のムザファー・シェリフは、感覚器官による知覚についての単純な実験をいくつか行なった。(2) 被験者たちは真っ暗な部屋に入れられ、彼らの前には一定の距離をおいて小さな光点を設置した。実際には固定されている光点は、錯覚によって運動しているように見えていた。数回試行するたびに、シェリフは彼らに質問し、光点が移動した距離を推定させた。個別に集計をとった場合、被験者たちは互いに答えが一致せず、試行ごとにも答えが変わっていた。これは驚くようなことではない。光点は動いていないので、どのように判定しようと当てずっぽうになるからだ。

ところがシェリフは、小グループ単位で質問した際に衝撃的な結果を得た。この場合、各個人の判定は収束していき、正しい距離を確定するように、グループごとの標準値が急速に出来上がっていったのである。それどころかこの標準値は試行を重ねてもグループ内で変動せず、これによってそれぞれのグループがかなり差のある判定結果を出し、さらにはそれぞれの判定結果を強く支持するという状況が生じた。(3) ここには、どのようにして似たような集団同士が、さらには似たような国同士が、たんに開始時点においてささやかな、気まぐれとさえいえるような偏差があったからというだけで、それぞれ大きく異なる考え方に収束していくのかを知る、重要な手がかりがある。ソーシャルメディアのことを、そしてある意味においてはインターネット全体のことを、シェリフの実験の現代版と見なすこともできるだろう。たとえ個々の判定が開始時にはまったくバラバラな地点を指していたとしても、人びとは集団ごとの標準に収束していき、そうした標準は時間経過とともにかなり安定していく。その結果、移民がらみの事柄であろうと、セクシャルハラスメントや中東、貿易、はたまた市民権に関係する事柄であろうと、それぞれの集団が異なる認識の世界に行き着くこともありえるのである。

シェリフがサクラ――シェリフの協力者で、被験者には知られていない――を加えた場合、それとはまた別の事態が起きた。(4) それぞれの被験者の判定からわざと大きく高い／低い値にした、たった一人のサクラによる判定が、重大な影響を及ぼしたのである。これによってグループ内では、サクラに呼応するように判定の値が高くなったり低くなったりした。ここから学べる重要なポイントは、少なくとも事実に関する回答困難な問題が入ってくるような場合は、判定は「強制力も特別な専門知識ももたず、ただほかの者が確信をもてないなかでも一貫して揺るがない意志の強さだけはもっている個人によって下される」[5]ということだ。

ひょっとしたら、それよりもなお特筆すべきなのは、グループとしての判定が完全に内面化したことによって、被験者たちが一年後であっても自分たちの見解を語る際にはその判定に固執し、新しいグループに入って違う判定を聞かされた場合でさえ固執したという点かもしれない。一番最初に出した判定は「世代」をまたいで影響を及ぼすこともまた判明したのである。新規の被験者を入れて他の者を外していき、最終的には全参加者が状況をよく知らない新参の状態にする実験においても、グループとしての大元の判定は残り続ける傾向があり、もともとその判定のきっかけを作った人物がとっくにいなくなったあとですら、そうした傾向があった。[6]この小規模の実験においては、一部の文化的な主義主張や慣行の息の長さに関して学ぶべきことが二点ある。すなわち原因となるのは一人の人間、もしくは一つの小集団かもしれないが、そうした主義主張や慣行は長期間にわたって継続的な効力をもつことがあるという点、さらには決定的な規範として機能するようになることがあるという点だ。

どんな原因によって、こうした結果になるのだろうか。一番明白な答えとしては、他の人びとの出した判断からくる情報面の影響が指摘できる。いずれにせよ運動しているように見えるのは錯覚なのであり、知覚器官がそのような運動の距離をただちに割り出すことはない。人はそうした環境に置かれると、グループ内の自信ありげで意見を曲げない人間にとりわけ左右されやすくなる。誰か一人が距離について確信があるようならば、その人物を信じてもよいのではないか。「自信ヒューリスティック」についての理論的・実証的研究はかなりあり、それによると人は、自信をもって表明された見解は情報としてより優れていると見なすことから、そのように自分の見解を表明する者に対して追従しやすくなるという。(7)シェリフの実験から得た知見は、実験室の中だけにおさまらず、教室や職場、法廷や官僚機構、立法府にまで通じると推測できる。移入民や気候変動が深刻な問題なのかどうか、あるいは飲み水に入っているヒ素の含有量が現在のところ憂慮すべきほどのものなのかどうか、もし情報のない人間が判断しようとするなら、自信をもち考えを変えない者の見解に共鳴しやすくなるのである。(8)

事実関係の話に当てはまることは、道徳や政治、法律関係の話にも当てはまる。立法府の議員からなるグループが、きわめて専門性の高い問題をどう扱うか決めようとしているとしよう。もし「サクラ」がひとりグループ内に送り込まれ、相当の自信を見せたならば、その人物がこのグループを自分の望む方向に動かせる可能性は非常に強い。その人物が全然サクラなどではなく、たんに今問題にしていることについて強い自信をもっているだけの、友人や近所の人間、同僚や上司、あるいは議員だったりした場合でも、同様のことが言える。もし官吏や裁判官たちが、確信のもてない複雑な問題について決定を下そうとするならば、彼らもまた同調の影響を受けやすくなる。同じく裁判における合議体も、専門的な事柄に関して、裁判官の一人が自信満々で精通しているように見える場合は、シェリフ型の影響が出ることが考えられる。問題なのは、「専門家」に当たる人物自身に偏向や魂胆があって、それにより重大な間違いを招くかもしれない点である。だが、こうした言い分には大きな限定条件がつく。実験者がサクラを使用する際に、その人物が異なる社会集団の一員であることを被験者たちにはっきりと分かるようにしている場合は、シェリフの実験結果にみられるような同調は著しく減ずるのである。(9) もし自信ありげな人物が自分とは違う集団に属していると分かっているならば――自分が信用していなかったり嫌っていたりする集団ならば――まったく影響を受けないかもしれない。

答えるのが簡単な問題

だが、もし知覚によって信頼性の高い手がかりが得られるとしたらどうだろうか。もし人びとが正答を知っていてもおかしくない場合はどうだろうか。ソロモン・アッシュの行なった一連の有名な実験では、人は自分たちの知覚による一見明白な証拠をないがしろにするのも厭わないのかどうかを探っている。(10) これらの実験では、一人の被験者は七人から九人のグループに入れられるのだが、グループ内のほかの被験者に見える人びとは、実際にはアッシュのサクラであった。簡単な課題として与えられたのは、白い大きなカードに引かれた線分と同じ長さのものを、三本の「照合用の線分」のなかから「見つけて選ぶ」ことだった。不正解となる二本の線分は正解とは十分な長さの差があり、差分は一・七五インチから〇・七五インチまでさまざまであった。

アッシュの実験における最初の二回では、正解について全員の意見が一致する。「区別は単純なものであり、どの個人も一様に同じ判定を声に出して言う」。(11) だが「この調和は三回目に突如として乱れる」。(12) グループ内の自分以外の全員が、問題に出された線分と、それよりも著しく長い／短い線分とを合わせるという、被験者だけでなく常識的な人であれば誰にとっても分かりきったように明白な誤回答をするのである。このような状況に置かれると、被験者は大抵の場合、当初ほかの者たちの明らかな間違いに対して困惑し、信じられない様子を見せるわけだが、選択をすることになる。すなわち、独自の判定に固執してもよいし、それはやめて異口同音の多数派の見解を認めてもよい。自分ならばどちらにするか。結果としては、大勢の人が最終的に全試行のうち最低一回は自説を曲げることになった。彼らは自分の知覚がもたらす証拠を無視し、自分以外の全員に意見を合わせたのである。

単独で判断するよう求められた場合、一回当たりに被験者が誤回答をする確率は一パーセント未満であった。だがグループとして間違った答えを支持する圧力がかかった場合、被験者が誤回答をする確率は三六・八パーセントにものぼった。[13] それどころか、七〇パーセントもの被験者が、全十二回の質問のうち最低一回は、自分自身の知覚による証拠を無視してグループと歩調を合わせたのである。[14] この実験結果は、あまり過大視すべきではないだろう。ほとんどの人は、たいがいは自分が実際見たままのことを答えるからだ。だがアッシュの実験から得たもっとも特筆すべき所見とは、グループの方が間違っていることを示す明白な理由があるときですら、たいがいの人間はみずから進んで自説を曲げる場合があるという点である。

この種の同調実験は、ザイール、ドイツ、フランス、日本、レバノン、クウェートなど十七か国で一三〇件以上行なわれている。[15] あるメタ分析によると、アッシュの基本的な実験成果にはさまざまな改良が施されてきたことが判明しており、文化による大きな違いも認められるが、彼の結論の基本部分は崩れていないと言って差し支えない。すべての結果をみると、誤回答率の中間値は二九パーセントである。[16]「同調的な」文化をもつ一部の国の人びとは、それ以外のもっと「個人主義的な」文化をもつ国々の人びとより誤回答する率が高い。[17] ばらつきはあるものの、全体的な誤回答の傾向――一回当たり二〇パーセントから四〇パーセントの被験者が同調した――は多くの国のどこでも同調の力があることを示している。

アッシュの実験結果からは、二つの相反する知見が得られるという点に留意してほしい。一つ目は、かなりの大勢の人が、実験の全体あるいは大部分において主体的であるということだ。約二五パーセントの人が一貫して主体的に判断しており、[18] そのような人はグループによって影響を受けていない。さらにいうと、すべての個別の回答のうち、約三分の二は同調していないのである。したがってこれは、集団から影響を受けやすいかどうかには「極端な個人差があるという証左」であり、最後まで主体的に通す人もいれば「例外なく多数派に合わせる」人もいるということである。[19] 主体的な被験者は「観察者にとって異様な光景を見せ」、「一切揺るがない様子」[20] であるのに対し、ほかの人びとは多大な不安や困惑を見せる。[21] もう一つの知見は、ほとんどの被験者は、明白な直接証拠がある簡単そうな問題ですら、少なくとも何回かはみずからグループの意見を優先させる、というものだ。

ここでの趣旨でいうと、後者の知見が一番関連性が強い。その知見から言えるのは、対象が非常に明確に見えているときですら、私たちの多く、あるいはほとんどは、「ほかの人たち全員には別のように見えるならば、彼らに話を合わせるべきだ」と答えるかもしれないということだ。これは人が愚かなこと、あるいは恐ろしいこと――科学について、政治について、ほかの宗教・民族・人種の集団に属する人びとについて――を是認してしまっているようなのはなぜなのか、その理由に関して学ぶべき重要なポイントとなる。また、事実関係をめぐってですら、集団が違うと方向性もガラリと変わってしまうのはなぜか、その理由に関しても、頭に入れておくべきポイントとなる。このような人びとには、アッシュの実験でのサクラに当たるものと影響関係が生じているのかもしれない。

理性に基づいた判断と大間違い

人はなぜ、ときとして自分の知覚からくる証拠を無視してしまうのだろうか。主たる理由は二つあり、情報から受ける圧力と仲間内から受ける圧力にまつわるものだ。アッシュの被験者のなかには、全員一致しているサクラたちが正しいにちがいないと考えたらしい者もいた。だが、グループの面々がなんとなく間違っているとは思いながらも、彼らが誤答と見なしているものを面前で堂々と答えるのには気が引ける者もいたのである。そのような者は、自分自身の見解を偽って伝えた。彼らは事実ではないと考えていることを述べたのである。

アッシュ自身による研究では、同調した者のうち数名は、単独での面接において、自分自身の意見が間違っていたにちがいないと答えた[22]——これは周囲から受ける圧力よりも情報が彼らを左右したことを意味する。[23] アッシュ自身による実験の条件とほぼ同程度の誤回答を仕込みながら回答は匿名で行なわせたある研究も、この情報面からの理由説明を裏付けている。[24] 類似した別の研究では、被験者の返答が多数派には知られなくても、同調の割合はそれほど低下しないことが判明している。[25]

その一方でこれらの結果は異例であり、アッシュの実験と基本的に同環境で実験を実施し、完全に内密に回答させた場合、誤回答は通常著しく減少する結果となる。[26] この研究結果が意味するのは、人は本当に自分の知覚が間違った情報を与えているのだとは思っておらず、他の人間の前で間抜けなところを見せまいとしていた、ということである。そして同調した回答か逸脱した回答かを他の者に非常にはっきりと分かるようにした実験では、同調は増加している。[27] この結果は、周囲からの圧力は非常に重要であり、アッシュの実験結果の理由説明として有効であるということも意味しているのである。

アッシュ自身による結論は、彼が実験で得た結果は「同調の支配」によって「社会過程が汚染されている」可能性を浮き彫りにした、というものである。[28] さらにこうも述べている。「われわれの社会における同調へと向かう傾向はとても強く、それなりの知性と善意のある若者たちもみずからすすんで白を黒と言ってしまうことが判明した。これは重大事だ」。[29] すでに指摘したように、アッシュの実験は各国において概ね似たような結果が出ているので、今引用したアッシュの文章における「社会」という単語は、「世界」という単語に十分置き換えられるだろう。

ここでは別の点も強調しておくべきである。それは、たとえ個々の成員が知っていることや思っていることを知るのが、集団にとって利益になるのだとしても、多くの人はすすんで自分のもっている情報を集団に対して明らかにしようとはしない、ということだ。この点を理解するには、何かについてほぼ全員が間違っているにもかかわらず、それが正しいと思っているような集団を想像してみればよい。また、集団内の一名もしくはごく少数しか真実を知っていないとしよう。そうした者が大勢を占める見解を正す見込みはあるだろうか。アッシュの所見を敷衍するならば、その見込みは薄いというのが答えになる。彼らが口をつぐむのは、合理的でないからではない。大勢を占める見解が自分たちのとは違うという単純な事実に対して、完全に合理的な対応をしているのである——この事実は、わずかな少数派が間違っていることを意味するか、もしくはもし自分たちが正しいと言い張れば、自分たちの評判は危うくなる可能性が強いということを意味するのだ。後述するように、アッシュの所見は、集団が最終的に不適当な、自滅的ですらある決断に至ってしまうことがある理由を説明するのに役立つ。

もちろん、アッシュによる最初の研究以降、数十年のあいだに重要な新展開もあった。もっとも興味深い研究のなかには、応諾と受容を明確に区別するものもある。[30] 人が間違っていると思う相手に従う場合は、応諾することになる。その場合、表立っては同調するものの、内面では同調していない。人が集団の見解を内面化する場合は、受容することになる。すでに見てきたように、アッシュの実験結果には応諾と受容の両方がある程度含まれている。実験に基づくもっと新しい研究では、両者の存在を証明する結果が出ており、さらには多数派の規模が大きくなるほど同調も増すことが判明している。[31]

同調は人の考えを変えることによって作用するのか、それとも考えではなく選好や嗜好を変えることによってなのかも、理論・実験の両方の研究において調べられているが、研究者たちは前者に集中しすぎていることが分かっている。[32] どんな活動に高い割合の同調がみられ、またそれによる一時的熱狂や流行が起こるのかを明らかにしようという、重要な研究が行なわれている。[33] また、どんな人が一番同調しやすいのか[34]や、アッシュのような設定において同調を増減させる周囲の状況についても、以前より分かってきた。たとえば、なんの抑止要素も受けずに振る舞える状況であることを教えておくと、人は同調する確率が上がる、というものだ。[35]総じて、またここでの議論の核心と関係ない留保をつけた場合でも、アッシュの研究成果の核心部分は有効であり続けている。

こうした研究成果は、道徳や政策、法令に関する判断に当てはまるのだろうか。問題が道徳にしろ、政治や法律にせよ、自分が強く確信している事柄に関わっているのに、人は全員一致した集団の意見に従ってしまうのだと考えると、穏やかな話ではなさそうだ。だがアッシュの見解が正しければ、そのように意見を譲ってしまうことは、少なくとも時には起こるものと考えられるはずだ。アメリカ合衆国の連邦控訴裁判所のなかでもこれが起こるという強力な証拠は、のちに見ていく。世論がもつ、判断を鈍らせる効果は、もちろんジョン・スチュアート・ミルにとっての主要な関心事であった。彼の主張によると、「為政者による専制への防護だけでは不十分」であり、同じくらい重要なのは「支配的な論調や感情の専制を防ぐことであり、社会の傾向として、その社会ならではの考え方や慣行を行動規範とし、それに従わない者には法的処罰以外の手段によって押しつけようとするのを防ぐことである」。[36]

ここでミルが注目しているのは、同調が、それによって暴威をふるわれる個人に対してだけでなく、社会に重要な情報が与えられないせいで、社会自体に対しても悪影響を及ぼすという点である。私としては、この点はミルの生涯における恋愛関係が密通状態で始まったことと無関係ではないと思う（彼の恋人であり、のちに妻となるハリエット・テイラーは、交際開始時には既婚者であった）。ミルとテイラーの交際に対しては、二人の仲間内から非難の声が広まったし、ミルの一家では不和が生じた。ミルは自著のなかで、社会の慣例から自由であることや、「さまざまな生き方の試み」を称賛した。同調に対する彼の反発は著作全体にわたっており、それと同時に「支配的な論調や感情の専制」を脱しておのれの道を進むことの重要性を強調している。ミルは自分の説いたことを実行したのだ。「さまざまな生き方の試み」という考え方は、自由の歴史を記すに当たって重視されてしかるべきである。

同調を増やす（あるいは減らす）方法

どのような要因によって、同調は増えたり減ったりするのだろうか。シェリフの実験結果とも一致するように、人は社会的地位が高かったり自分の見解にきわめて自信があったりすると、同調する確率が下がる。(37)もし課題が難しかったり怯えていたりすれば、同調する確率は上がる。(38)ほかにもどのようにすると同調は増減するのか、いくつか検討してみよう。

金銭の報酬

正解に対して金銭の報酬を出すことは、行動に影響を与えるが、影響の方向性は二通りある。(39)自分が正しくて、金銭を得られそうだという場合、課題が容易であるかぎりは、アッシュと基本的に同じ条件においても同調する割合は著しく減少する。正解で利益を得られそうな場合、人がグループ内の人びとに追従しようとする傾向は弱まる。なぜそのようなことが起こるのかは説明がつく。もし何が正解か分かっていて、さらに正解を答えることによって金銭を得られるならば、周囲の人びとが大間違いをしていても、おそらく人は正解を答えるものだからだ。

だがこの実験を変更して、大元となる課題を難しくした場合、著しい違いが現われる。このようにすると、正解に報酬を与えるという金銭的なインセンティブが、実際には同調を増加させるのだ。問題が難しい場合、正解によって得られる利益に固執するならば、大勢の人間がいる方に追従しようとする傾向は強まる。ひょっとしたら一番特筆すべきは、金銭的なインセンティブが存在しない場合は、課題の難易度が高かろうと低かろうと、同調の度合いはほぼ変わらないという点かもしれない——ところが金銭の報酬を導入すると、課題に対する結果はその途端に二分し、難易度の低い課題に関しては同調が著しく減少し、難易度の高い課題に関しては同調が著しく増加するのである。(40)

これらの結果については、単純に説明することができる。アッシュのような実験において、一定数の人びとは、実際には正解が分かっていたが、ただ表立ってほかの人たちの共通見解を拒んでもなんの意義もないからという理由で、同調するような回答をしていた。ところが金銭的なインセンティブを与えられると、仲間からの圧力よりも実益の可能性の方がまさるのだ。ここから言えるのは、実利的な報酬は社会的な圧力の効果を打ち消すことがある、ということだ。これは学校や民間企業、公的機関など、ありとあらゆる集団にとって学ぶべき点である。もし人びとが、自分の知っていることを話せば得をすると分かっているならば、集団が非常に重要な情報を入手する可能性は高くなるのだ。

それとは対照的に、課題が難しいと、人は自分が正しいかどうか非常に不安な状態に置かれる。そのような状況では、人はほかの人間の見解を、もっとも信頼できる情報源である可能性があるというだけで、なおさら重視しやすくなる。数学の難問を解いたり、高速道路の死亡事故を減らす一番効果的な方法を述べたりといったことを求められたならば、同室の人びとの知恵に従うこともあるかもしれない。この点に関しては、自分の判断に対する自信の度合いは、実験者側のサクラが見せる自信と直接の関係があるという実験結果についても、あわせて取り上げておこう(41)。サクラが自信と意気込みがあるような演技をすると、たんに人が大勢いる方に追従しているだけであっても、被験者もまた自分の判定に強い自信を示す。また大雑把ではあるが、ほかのほとんどの人間を模倣するのは、「早くて安上がりな」一種のヒューリスティックとして作用しているのであり、ヒトを含む多くの生物に対し、さまざまな場面において効果があるのだとする説も加味するべきだ(42)。自分がどうすべきかよく分からないならば、ほかの人間がやっているのと同じことをするのはもっともなことだ。ほとんどのヒューリスティックと同じく模倣ヒューリスティックもまた、たいがいは効果的であり、選びうる手段として最善であることも少なくない一方、多くの場面において誤りを生む(43)。

このことからは、穏やかでないことが言える。「多数派における意見の一致」は、「しばしば個人を不正確、不合理、もしくは不当な判断といった誤った方向へ導くことができてしまう」。そのような意見の一致は、「同時にこうした判断に対して強い確信をもたせることも可能だ(44)」。もしそれが本当ならば、以下のようなことになる。「判断するのが難しかったりあやふやだったりして、さらに影響力の強い行為主体が一様に自信をもっているならば、［判断の］正確さの重みが増すことによって、同調だけでなく確信をも高めることになる――この二つが組み合わさると危険だ(45)」。あとで見ていくように、この点は道理の通らない過激主義の発生源と非常に深く関係しており、とりわけ対抗するような情報が入手不能になっている環境ではそうだといえる。過激派の人間は、互いに追従し合っていることがよくあるのだ。

集団の規模

アッシュによる最初の研究では、全員一致して間違った判断をするサクラのグループの規模を変えることに意味があるのは、せいぜい三人までであり、その人数よりさらに増やしてもほとんど効果が出ないことが判明した。(46) サクラを一名使用しても、被験者の誤回答はまったく増えなかったが、二名使用すると誤回答率は一三・六パーセントに上昇した。さらにサクラを三名使用すると、誤回答率は三一・八パーセントにまで上昇し、グループの規模をもっと大きくした際に出たのとほぼ変わらない数値となった。しかしこの部分においては、アッシュの行なった実験の結果は例外的であるように思える。その後行なわれたさまざまの研究においては、通常、アッシュの出した結果とは対照的に、集団の規模が大きくなると同調が増加するのは事実であることが判明している。(47)

まともなことを言う人

それよりも重要なのは、実験の条件にささやかな変更を加えるだけで結果が一変してしまう点である。最低ひとりでも被験者の仲間、もしくはまともなことを言う人がいると、同調と誤回答の両方ともたちまち減少する。サクラの一人に正答を選ばせると、たとえ違う答えを選んだ者が圧倒的多数を占めていても、誤回答は四分の三減少した。[48] このことから、はっきりと言えることが一つある。すなわち、たとえ集団が不適当な行動指針をとり始めようとしていても、ともすれば大勢いる方に流れそうな、集団内にいる立場の曖昧な者たちに行動を起こす力を与えることによって、一人の異論を唱える者が方針を転換させることができる場合がある、ということである。

そうなると、成員間の感情的な絆は、反対意見の者が一人でも出る可能性を弱めるので、集団や機関の能力を損なわせてもおかしくない、ということになる。ここで、ブルック・ハリントンによる投資クラブ――自分たちでカネを共同出資し、株式市場での投資に関して合同で意思決定する、少人数のグループ――の能力・成果についての優れた研究を考えてみよう。[49] もっとも運用実績の悪いクラブは、感情的な絆で成り立っており、社交関係が第一になっていた。もっとも運用実績の良いクラブは、社交関係が抑えられ、収益を増やすことに専心していた。反対意見は、好実績のクラブの方がはるかに頻繁にみられた。実績が振るわないクラブは通常、採決をしても全会一致になっており、忌憚なく論議が行なわれることはほとんどなかった。ハリントンの研究結果によると、実績のよくないグループでは採決が「金儲けの最善策を選ぶためというよりも、むしろ社会的結束を固めるために行なわれていた[50]」という。つまり同調の結果、収益は著しく低下したのである。

集団の内か、外か

多くの部分が、被験者が実験者側のサクラとの関係をどう認識しているか、とりわけ被験者が自分自身をサクラたちが属しているのと同じ集団の人間と見なしているかどうかにかかっている。もし被験者が自分は多数派とは別の集団の人間だと認識しているならば、同調の効果は大きく減ずる。[51] 集団を構成する人びとのことを被験者が気に入っていたり高く評価している場合、そうでなくとも自分とつながりを感じている場合、同調する可能性はとくに大きくなる。[52] これらのおおよその要点をふまえれば、特定の見地からの影響を増やそう・減らそうと努める人びと――保守派、リベラル派、カトリック信者、ユダヤ教徒、社会主義者、民主党支持者、共和党支持者など――が集団がどのような成員で構成されているのかを重視することが多いのはなぜか、説明がつく。ことによると訴えかける側の人間が、「保守的」だったり「左寄り」だったりして、容認しがたい見解を出してきそうだと映ると、対象の集団から信用を失うこともありうる。先に言及したこの「反発的な低評価」という現象によって、人はさまざまの主張や立場に対し、たんに発信源を理由として低評価を下すのである。

したがって被験者が、他と分けられた一個の集団と呼べるものに、実験者側のサクラを含めて自分も属していると認識していた場合（サクラの全員が心理学専攻の学生である、など）、表立って意見を述べるときの同調――それに可能性としては錯誤も――は大幅に増加する。[53] 対照的に、被験者が実験者側のサクラとは違う集団に属していると認識していた場合（サクラの全員が古代史専攻の学生である、など）、表立って意見を述べるときの同調は大幅に減少し、それに合わせて錯誤も減少する。[54]

注目に値するのは、あとになって匿名で出してもらった個人的な意見は、被験者が実験に参加したほかの者たちと同じ集団に属していると認識していた場合もそうでない場合も、ほぼ変わらなかった点である。また、自分を実験者側のサクラと同じ集団の人間だと思っていた者は、一人きりで答える際には、実験時よりもはるかに正確で同調していなかった。[55] 実社会においては、異論を唱えそうな人も、ほかの人びとが自分と似たような考え方の集団のなかにいる場合には、むしろいるからこそ、沈黙してしまうかもしれない――それはほかの人間から非難の的となる危険を冒したくはないというのもあるし、自分が異論を唱えることによって、自分の属している集団の力や名声を弱めるのではと恐れてしまうのもある。

ここには、学ぶべき重要なポイントがある。表立って意見を述べるのは、多数派の見解に合わせた表明をしてしまうので、誤っていたり本心でなかったりすることがあり、自分が多数派と同じ集団の人間だと思っている場合はとくにそうなる。[56] この同調の高まり方に関する知見は、感情的な絆によって結びついた集団の業績は振るわないという証拠事実と関連している。このような集団では、人は自分の知っていることを話そうとする傾向が弱まり、見解の不一致を抑制しようとする傾向が強まるからだ。抑制と均衡の仕組みは、必ず一方の野心を他方の野心が牽制するようにすることによって、異論を出しやすくするとともに、一個の集団なり機関なりに属する人間が自分の考えていることや知っていることを開示したがらなくなるような可能性を小さくする、一つの方法だと解釈できる。[57]

電気ショック・権威・専門技能

シェリフやアッシュらによる実験では、誰か一人が特殊な専門技能をもつ人間であるということはなかった。並外れた計測能力にしろ驚異的な視力にしろ、グループ内で発揮した者は誰もいない。だが、もし実験者側のサクラのうち、正しいことを言っている可能性のとくに強い人間が一人以上いると被験者が考えてもおかしくないような状況であれば、大間違いをする傾向はさらに強まると予測して差し支えないだろう。この仮説を裏付けるのは、現代の社会科学におけるもっとも由々しき実験結果の一つであり、仲間の判断ではなく実験者の意向に対する同調を扱ったものである。[58] そういったことを抜きにしても、この実験は興味深いものになっている。というのも、たんに事実関係をめぐる判断だけでなく、道徳的な判断に対しても社会的影響があることを暗に示しているからである。

心理学者のスタンレー・ミルグラムが実施したこの実験は、隣室にいる人物に電気ショックを与えるよう被験者に求める、というものだ。[59] 被験者には、実験の目的は罰が記憶力に与える効果を試すことだと伝えるが、これは嘘である。被験者は知らないが、電気ショックを受ける者はサクラであり、実際には電気ショックを受けることはない。見せかけの電気ショックは模造の電気ショック発生器から流され、電圧は一五ボルトから四五〇ボルトまで三十段階にはっきりと分けられており、「軽微なショック」から「危険：苛烈なショック」まで、言葉による等級が付けられている。[60] 実験が開始されると、被験者は不正解が出るごとに与える電気ショックの電圧を上げていくよう求められる。電圧は「危険：苛烈なショック」レベルの開始点である三七五ボルトにまで達し、さらに上がっていく。

ミルグラムが実施したもともとの実験では、被験者は二十歳から五十歳までの男性四十名であった。彼らの職業は、技師や高校教師、郵便局員などさまざまであった。[61] 被験者たちには実験参加の謝礼として四ドル五〇セントが支払われた――また、実験の経過がどのようになっても謝礼金は返さなくてよい、とも伝えられた。「記憶力テスト」の内容は、対になる単語を覚えるというもので、回答者（サクラ）は不正解を出すたびに電気ショックを受け、電気ショック発生器の電圧を一段階上げる動作が入る。すべてが本物であるように思わせるため、被験者には実験開始時に一番下のレベルの本物の電気ショックをためしに受けさせておく。だが、それとあわせて被験者は電気ショックに危険性はないとも言い聞かされており、サクラにあらかじめ仕込んでおいた質問に答えるかたちで、実験者は「電気ショックは極度な苦痛をもたらすこともありますが、身体組織に回復不能な損傷を与えることはありません」と断言している。(62)

この最初に行なわれた実験では、回答者は電気ショックが三〇〇ボルトに至るまではいっさい抗うことはないが、三〇〇ボルトの時点で回答者は自分が拘束されている電気椅子の部屋の壁を大きな音をたてて蹴る。この段階から回答者が質問に答えることはもうなくなり、三一五ボルトの電気ショックの際にもう一度壁を激しく打つ音がするだけで、それ以降は電圧を上げていき四〇〇ボルトを超えても、反応は聞こえなくなる。被験者が実験を続行したくないという意思を示した場合は、実験者が後押しする言葉を伝え、「続けて下さい」から「続ける以外に選択肢はありません。やるしかないのです」まで態度を強めていく。(63) しかしながら、実験者には被験者に罰則を科す権限はない。

このような研究においては、ほとんどの人が、被験者の九五パーセント以上は電気ショックを最後の段階まで進めるのを拒否すると予想している。人がどのように行動するのか予測を立てさせた場合、実験中断の時点として予想されたのは「とても強いショック」に当たる一九五ボルトであった。(64) しかしミルグラムによる最初の実験では、四十名の被験者全員が三〇〇ボルト以上まで続行したのである。しかし最終的な電気ショックの電圧の平均は四〇五ボルトで、大多数——四十名中の六五パーセントに当たる二十六名――が最大電圧の四五〇ボルトまで続行した。これは「危険：苛烈なショック」のレベルより二段階高い電圧である。[65]

最初の実験から条件を変えて行なった後続の実験では、これよりもさらに驚くべき結果が出た。それらの実験において、回答者は電圧が上がるにつれて苦痛の訴えも強めていった。[66] 七五ボルトから一〇五ボルトまでは小さなうめき声が聞こえ、一二〇ボルトでは回答者が実験者に対して電気ショックが苦痛になってきたと大声で訴える。一五〇ボルトでは、回答者が「実験者さん、ここから出してくれ！　もう実験はやりたくない！　続行を拒否する！」と叫び声をあげる。[67] 一八〇ボルトになると、回答者は「痛くて我慢できない」と言う。二七〇ボルトでは反応が苦悶の絶叫になる。三〇〇ボルトで回答者はもう質問には答えないと怒鳴り、三一五ボルトでは猛烈な悲鳴をあげる。

三三〇ボルト以降、回答者からの反応は聞こえなくなる。この形式で実験を行なってみたところ、ミルグラムの出した結果に目立った変化はなかった。四十名の参加者のうち、最大電圧まで続けたのは二十五名、最終的な電圧の平均は三六〇ボルトだったのである。条件をいささか惨たらしいものに変えた実験では、実験開始前に、回答者は心臓に疾患を抱えていると述べ、実験中断を訴える言葉のなかには、電気ショックが続くと心臓が「不安だ」ということへの言及を繰り返し盛り込んだ。[68] この実験においてもまた、被験者の行動に変化は起きなかったのである。[69] 注目すべきは、ミルグラムの研究結果の基本的な部分が二〇〇九年の研究でもおおむね再現されたことであり、服従した者の割合は四十五年前にミルグラムが出したものよりわずかに低いだけであったほか、男女間での差異はみられなかった。[70]

ミルグラム本人の説明によると、彼の実験結果は権威への服従を示すものであり、ナチス政権下における大勢のドイツ国民の行動を彷彿とさせるものであったという。というよりもミルグラムにとっては、ホロコーストがいかにして起こり得たのかを解明するという目的が、実験の動機の一端になっていたのである。[71] 普通の人びとも、たとえ無実の相手に多大な苦しみを与える結果になろうと、命令には従ってしまうものだ、とミルグラムは結論づけた。もちろん単純に服従したということだけで、全体を語れるわけではない。しかしこの実験については、もう一つの解釈が存在する。

知識が豊富そうな科学者によって実施される実験に参加するため、学術機関という実験環境に招かれた被験者は、実験者は総合的に考えればどうするべきか分かっている可能性が高いと思い込んで、実験者の指示に従ったとしてもおかしくない。もし実験者が被験者に続行するよう求めれば、ほとんどの被験者が、とくに不合理というわけでもなく、回答者に加えられているように見える危害も大したものではないと考えたり、この実験は実際には社会に重要な恩恵をもたらすものなのだと考えたりするかもしれない。だからこそこの実験者には専門技能があるのだ、と。また、もしミルグラムの被験者たちがこのようなことを考えていたとしても、現に彼らは間違ってはいなかったのである。

もしこの説明が正しいのなら、かなり増幅された発言力をもつ実験者がいるミルグラムの実験に参加した者たちは、アッシュの実験参加者と似通っていると見なせるかもしれない。アッシュの実験においては被験者の多くが、自分以外の人たちが全員一致で出してくる情報シグナルに従っていたのに対し、ミルグラムの実験の被験者たちもそれと似たようなことをしていたのだ。専門家もしくは権威となる人物は、全員一致した自分以外の人びととよく似ているといえる。そうなると、被験者の一部もしくは多くが良心の呵責にいったん目を瞑ったのは、盲目的に服従していたからではなく、この良心の呵責は根拠にならない可能性が強いという判断がはたらいたからなのかもしれない。同様に、そうした判断は、もし実験が本当に危害を与えるものであったり倫理的に問題があったりするのなら、実験者が被験者に続行するよう求めたりはしないだろう、という考えに基づいているのかもしれない。

手短にいえば、ミルグラムの実験の被験者たちは、とりわけ大きな情報シグナル——一人の専門家や大勢の人間から発せられたタイプのシグナル——に反応している、ということなのかもしれない。そしてこの見解に基づくならば、ミルグラムが被験者の行動とヒトラー政権下のドイツ国民の行動に類似性があると指摘したのは間違っていた。被験者たちはたんに上に立つ人間に従っていたのではなく、自分たちが信頼できると思った経歴・実績なり信義・誠実なりをもつ人物に対して反応したのである。もちろん、理論にせよ現実問題にせよ、上に立つ者に対する服従と専門家の考えを受け入れることのあいだに線引きするのは容易ではない。ただ言えそうなのは、被験者たちは理由もなく服従したのだとは到底いえない、ということである。この服従には、実験者が加虐趣味から、もしくはまったく理由もなしに重大な身体的危害を加えるよう求めているのではない、と被験者が何かしら思うような環境が絡んでいるからだ。

異論の多いミルグラムの所見について、この説明で完全に語り切ったと論ずるつもりはない。だが後続の研究のうち、服従のさまざまの根拠を探ったある研究は、この解釈を裏付けている。(72) その研究によると、大勢の被験者たちがミルグラム実験の録画テープを視聴し、そのあとで実験者からの要求に応諾した理由説明として考えられるものを順序づけするよう求められた。最上位につけられた選択肢は、専門家の知見に従ったというものだったのである。もちろんそれで決定的というわけではないが、基本となる実験に光明を与えるような変更点を加えたものがミルグラム本人によって実施されており、これによってさらなる裏付けが得られる。(73) この変更版の実験では、被験者は電気ショックを与えるよう求められる三名のうちのひとりとなっており、ほかの二名は実際にはサクラで、特定のレベル(片方は一五〇ボルト、もう片方は二一〇ボルト)に達すると実験続行を拒否する。このような条件だと、被験者たちの圧倒的大多数——九二・五パーセント——が実験者に刃向かった。(74) ミルグラムが基本となる実験に加えた数多くの変更点は、どれも服従の度合いを減少させるために仕込んだものだったが、これはそのなかでもずばぬけて一番効果がみられたものであった。(75)

仲間による反抗は、なぜこれほどまで強力だったのだろうか。この変更版における被験者は、アッシュの実験において味方になってくれるサクラが一人以上いた場合の被験者と非常に似通っていたのではないかと思われる。そのようなサクラが一人でもいると、アッシュの実験の被験者は自分の見たままのことを答えるようになった。それと同じように、良心に基づいた行動をとる仲間がいると、ミルグラムの実験の被験者は束縛を解かれ、実験者の指示を重視する度合いが減り、みずからも自分の良心に従うようになったのである。さらにもう一つの変更版においてミルグラム本人が立証していることだが、実験者からの勧告も外部からの影響も一切ない場合、被験者の道徳的判断が明確にみられた。それは非常に低い電圧よりも強い電気ショックを与えないという判断であった。(76)

それどころか、ミルグラムの実験の被験者が下した道徳的判断の明確さは、アッシュの実験の被験者が線分の長さを自分自身で判定する(つまりアッシュのサクラたちと意見が対立することがない)際に、事実関係に関して下した明確かつ正確な判定とほぼ同程度であった。ミルグラムの実験において高い影響力をもっていたのは、実験者本人による見解——電気ショックを与え続けねばならないだとか、回復不能な損傷をもたらすことはない、といったもの——であり、これは意見の全員一致したアッシュのサクラたちとも似通っている。だが被験者の仲間内でミルグラム側の実験者の見解を拒む者がいた場合、仲間による拒絶が示した情報は、そうした見解のもつ情報内容を打ち消す効果があったのである。それゆえ被験者たちは自分自身の道徳的判断に頼ることができ、あるいは仲間による拒絶が示した道徳的シグナルに追従することすらできたのだ。

当時も今も、ミルグラムの研究成果をどう解釈するのが最適なのかははっきりとしていないが、そこから学べるおおまかな要点ははっきりしている。状況の道義性が明白でない場合、専門家らしくて、懸念事項や危険性について考量できそうな者に人は影響されやすい。しかしながら専門家による道徳的に怪しい判断に対し、自分の道徳的判断を発揮させる合理的な人間が逆らった場合、人は専門家の言うことに従いにくくなる。おのれの良心の命ずるところに従う確率は格段に上がるのだ。

このあとに見るように、法の遵守も似たような特徴をもつ。どうするべきかについての法令による表明は、どうするべきかについての専門家による判断と同じように機能することが多い。したがって法令は、めったに執行されない場合でさえ、多くの人が従うことになる——たとえこの法令によって体現される判断が、ともすれば疑問視されそうなものであったとしても。だがもし仲間の人間がこの法令を破るのを厭わないならば、法令違反が横行するようになるかもしれない。とりわけ、そればかりが理由というわけではないが、人びとが身勝手な理由もしくは原理原則にとらわれた理由によって、この法令は自分たちの行ないたいことを禁じていると思っている場合は、そのようになる。このように、ミルグラムの実験からは、さかんに執行されないかぎり法令が効力を発揮しなくなってしまう場合について——また、市民的不服従が起こる前提条件についても——学べることがある。

第二章　カスケード

今度は、情報や評判の面における影響から社会的カスケード――大勢の人間が、自分たちに先立つ少数の主唱者の考えなり行動なりによって、何らかの考えや行動に至るという大規模な社会の動き――が生まれる過程を考察したい。同調の場合と同じく、カスケードも社会的影響によって煽り立てられる。しかしながら、同調という概念が社会の安定を説明するのに役立つものであるのに対し、カスケードを理解することによって説明がしやすくなるのは、社会や法律における変動であり、この種の変動は驚くほど急激に起こるほか、きわめて不安定な状況を生み出すこともある。話を先取りするならば、モナリザやウィリアム・ブレイク、ジェイン・オースティンやテイラー・スウィフト、それにハリー・ポッターシリーズの小説の人気は、カスケードの産物であると言って差し支えない。同じことが、バラク・オバマやドナルド・トランプ、ブレグジットについても当てはまる。

ひとまずそれがはっきりと分かるものとして、ダンカン・ワッツと共同研究者たちが行なった、音楽ダウンロードに関する秀逸な研究を取り上げてみよう。(1) この研究は以下のように行なわれた。新人バンドによる七十二曲のうち一曲以上を試聴・ダウンロードできる人びとによって、対照群を一つ作る。各人は、ほかの人たちがどれをダウンロードしたかも、どれを気に入ったかも知らされない。どの曲を気に入ったのかについては、それぞれ自分自身の判断に委ねられるのである。社会的影響の程度を確かめるため、ワッツらはこのほかに八つの集団も作った。これらの集団では、各曲を自分たちの集団のうちの何人が今までにダウンロードしたかを知ることができる。

簡単に言うと、ワッツと共同研究者たちは、社会的影響と消費者の判断との関係を調べようとしたのである。これはどうなったと思われるだろうか。もし他人の行動を知ることができたら、最終的なダウンロード数に生じる差異は大きいのだろうか、小さいのだろうか。答えを言うと、差異は非常に大きかった。（対照群で確認されたところの）もっとも劣った曲が最終的に最上位になることはなく、もっともすぐれた曲が最下位になることもなかったものの、それ以外のことは基本的に何でも起こり得た。ある曲が初期段階で一気にダウンロードされる利を得ると、その曲はずばぬけて好成績を残すことができた。もしそのような利を得ていないと、ほぼどんな曲でも不首尾になることがあったのである。のちにワッツらが実証したように、結果はきわめて簡単に操作することができてしまう。というのも、人気とは予言の自己成就であるからだ。[2] もしあるウェブサイトが、ある曲がたくさんダウンロードされていると（虚偽の）表示をした場合、その曲は途轍もない後押しを受けてゆくゆくはヒット曲になる、などということもある。ジョン・F・ケネディの父、ジョー・ケネディは、息子の著書『勇気ある人々』の最初の版を何万部も購入したといわれている。同書はベストセラーになった。

曲の人気をめぐって、ワッツと共同研究者たちは情報カスケードの効果を調べていたのである。彼らの実験によって明らかになったのは、人はほかの人がしていることや好んでいそうなことから学習するため、早期における人気は長期的な効果をもちうる、ということであった。人は早期の人気から学ぶので、そうした人びとによって大ヒット曲が生まれることもあるのだ。たとえ別の世界では同じ曲を最初に聴いた人びとの反応が芳しくなくて、人気が振るわなかったであろうとしても、である。

好みの判断にかぎらず、カスケードは事実や価値観に関する判断にも発生する。民間・公共の組織どちらでも――大小の企業、カトリック教会、労働組合、地方自治体や一国の政府など――カスケードは影響を及ぼしている。さらに、人びとのあいだで互いに感情的なつながりがある場合、カスケードの確率は増加する。社会的リスクの分野では、カスケードはことさらにありふれたものであり、人は自分の個人的な知識からではなく、他者に対する危惧から、何らかの製品や一連の行為を危ぶむとされる。(3) 法における先例の規則もまた、先に出された判決から、その後の法廷においても決まった結果が出るようになり、ついにはほとんどもしくはすべての法廷が、それぞれ個々の判断からではなく、ほかの人間による確かな知識に基づいているらしい判断に従おうという判断から、一様に同じことをするようになるため、カスケードを生み出している。(4) ほとんどの法廷が先人の判例に影響を受けたり、ましてや専門性のきわめて高い領域において決定的な影響を受けてしまうならば、度を越した意見の一致は判断を誤らせることになりかねない。

カスケードそれ自体は、良いというわけでも悪いというわけでもない。表立っては分からないこの作用によって、人が楽曲や携帯電話、ノートパソコン、リスクや道徳、法令について堅実な判断を下すことだってありうるからだ。問題であるのは、しかも重大な問題であるのは、この同一の作用によって、人びとが間違った、あるいは十分に正当とはいえない結論に収束してしまうことも当然起こるという点だ。しかしこの点に触れると、話の先を越してしまうことになるので、カスケードの仕組みから始めることとしよう。

情報カスケード——現象の基本

情報カスケードでは、ある時点において人間は自分個人のもつ情報なり意見なりに依拠するのをやめる。そのかわり、ほかの者からもたらされたシグナルに基づいて判断するのである。一度この状態になると、数の多寡にかかわらず、それに続くほかの人びとの言動によって、新しい情報が加わることは一切ない。そうした人びとは、ただ自分たちの前の人間に追従しているだけだからだ。そうであるならば、最初の行為者数名の行動によって、それに続く無数の人間に同様の行動を起こさせることが、理論上はできるということになる。もし、何かを述べたり行なったりする大勢の個人が各自の知識に基づいて行動しているのだと人びとが考えてしまうと、一つの決まった問題が生じる。すなわち、これによってカスケードを止めることがきわめて難しくなることがある、という問題だ。非常に大勢の人間が何かを行なったり述べたり——あの政治家はすごいだとか、あの製品は危険だとか、あの人物が犯人だとか——しているので、人は心中でこう思うのだ。その人たちがみんな間違っているなんて、どうやったらありえるんだ、と。もしこうした大勢の人びとの大部分が、他人の言動を受けた反応をしているのであり、そうすることでみずからが影響を受けたシグナルの量を増幅させているならば、彼らが間違っているというのは実際のところありえるのである。

きわめて典型的な具体例を一つ挙げてみる。更年期の女性にホルモン療法を処方するかどうか、医師たちが判断するとしよう。ホルモン療法によって心臓疾患のリスクが著しく上がるのであればこの療法の正味の価値はマイナスになり、そうしたリスクが生じないのであれば正味の価値はプラスになるものと想定する。(5) また、医師たちは時間的な順番の列を作っており、全員が列における自分の順番を分かっているとも想定しておこう。みずからの経験から、それぞれの医師はどうするべきかについて自分なりの情報をもっている。しかしながらどの医師も、合理的に思考しながら、ほかの医師の判断を気にしている。最初に判断することになったアンダーソンは、リスクは低いと自分が判断すればホルモン療法を処方するし、リスクが高いと判断すれば処方するのを固辞する。アンダーソンは処方したとしよう。するとバーバーは、リスクは低いとアンダーソンが判断したことを知っているわけだが、自分独自の判断も同様であれば、まず間違いなくホルモン療法を処方するはずである。しかしもし、自分独自の判断においてリスクが高いとしている場合、バーバーは――アンダーソンに対する信頼が自分自身に対する信頼と甲乙つけがたいのであれば――処方するかどうかについては中立の姿勢をとるであろうし、単純にコインを投げて決めるかもしれない。ここでは、バーバー自身ではどうにも判断がつきかねるので、アンダーソンの判断に追従するものとしよう。

今度は三番目の医師、カールトンの番である。アンダーソンとバーバーは両者ともホルモン療法を処方しているが、カールトン自身のもつ情報ではリスクが高いとされているとしよう。少なくとも自分に自信がないかぎりは、カールトンが自分の知っていることを不問に付し、ホルモン療法を処方したとしても不思議ではない。つまるところ、アンダーソンとバーバーは二人ともリスクが低いと見ていたようであるし、自分のもつ情報が二人のもつ情報よりもすぐれているのではないかぎり、カールトンは先例にならうはずなのである。もしそうするなら、カールトンはカスケードに参加していることになる。この後に続く医師たちがほかの医師たちがどうしたのかを知っているかぎり、また自分たちも同じくらい自信があるということがないかぎり、彼らもカールトンとまったく同じことをするだろう。つまり自分個人がもつ情報に関係なく、ホルモン療法を処方するだろう、ということだ。「正反対の情報は見えない状態にあるので、誤ったカスケードですらも永続してしまう。採用・拒否いずれにせよ、最初に優位に立ったものは、ただの偶然か些末な理由によって生じたのかもしれないが、みずからを糧にして大きくなるのである」(6)。

カスケードの只中にいる人にとっては、行動からは個人のもっている情報が明らかにならないという事実によって、一つ重大な問題が生ずることに注意しておこう。たった今挙げた例においては、医師たちの行動は、ホルモン療法が健康に及ぼす結果についての情報全体を反映したものにはなっていないのである——たとえ、それぞれの医師が有する情報を実際に明かして集約すれば、きわめて正確な実態がつかめるのだとしても。この問題の原因は、それぞれの医師個人が、自分より前の医師たちの先例にならっている点にある。

すでに触れたように、どの程度まで自分より前の者たちが、たんに前の人間に追従するのではなく自分独自の情報に依拠しているのかについて、あとに続く医師たちが過大に見積もってしまうと、この問題は悪化する。もしそのようになった場合、後続の医師たちは、カスケードを開始した人びとが共有していた情報よりも実際にはすぐれている自前の情報に依拠しそこね、したがってその情報を開示しそこねるかもしれない。その結果、医学界全体が、必要とする情報をもたないことになるのである。患者は苦しみ、ことによると死ぬことになる。重要なのは、自分個人がもっている情報は、開示した方が情報を有する本人よりも集団にとって利益になるのだが、カスケードに参加している者たちは、合理的な行動としてそれを押し隠しているという点である。手持ちの情報を開示しないということは、結果としてフリーライダー問題をもたらす。そのような問題を打開するためには、何らかの改革のようなものが必要となるようだ。そのなかには、制度的な取り決めの変更も含まれよう。

もちろん、カスケードは必ずしも発生するとはかぎらないし、たいがいは永続するものではない。かつて医者は「四体液」の存在を信じ、どれか一つの体液が不足すると健康に悪影響が出ると考えていた。現在、そのようことは信じていない。人はしばしば自分以外の人びとによって蓄積された英知をしりぞけるのに十分な情報を手元にもっていたり、あるいはもっていると考えていたりする。医療の専門家はこの部類に入ることが多い。カスケードが発生した場合も、まさにホルモン補充療法の事例において起きたらしいが、誤りを正すような情報によってカスケードは瓦解するかもしれない。(7) 学問の領域では、研究の査読が大切な安全装置になっている。

だが専門家、それこそ医師たちのあいだですら、カスケードはありふれたものなのだ。「ほとんどの医師は研究の最先端にいるわけではない。同業者がやったことややっていることを頼みにしていると、何かの外科手術がむやみに流行ったり、何かの療法によって引き起こされた疾患が出てくることにつながる」(8)。そのことから、権威ある『ニューイングランド・ジャーナル・オブ・メディシン』に載ったある論文では、医師たちの行動がまるで「レミングのようであり、たまたまの偶然でありながら、もっぱらほかの人が同じことをしているからという理由で、見境もなく周囲を感化するようなノリで何かの病気や療法を広めている」という「バンドワゴン病」のことが詳しく調査されている。(9) 医療行為のなかには、扁桃摘出手術やことによると前立腺特異抗原（ＰＳＡ）検査も含めて、「当初は乏しい情報に基づいて採用されたと思われる」ものもあり、前立腺特異抗原検査（ほかさまざまの医療処置）の実施頻度の極端な変化は、カスケードが作用していることの十分な証左になる。(10) いったん数名の医師がカスケードに加わると、カスケードは拡大しやすくなる。ここでムザファー・シェリフの実験とのつながりがみえてくるのであり、各個人が信頼すべき確かな情報をもっていない分野における集団過程に基づき、さまざまに分散した規範［標準値］が固定化していくさまを示している。じっさい、ホルモン補充療法の処方はカスケードのような過程によって煽られていったのである。(11)

医師に当てはまることは、弁護士、技術者、官僚、裁判官、投資家、学者にもかなりの確率で当てはまる。一般人の集団においてカスケードが発生するさまは、そうした集団が小規模で周囲から隔絶しており、感情的な絆でつながっている場合はとくに――これだけというわけではないが――確認されやすい。バリーは気候変動が重大な問題であるかどうか分からない場合、アルバータが重大ではないと主張していたら、そう信じてもおかしくはないし、この二人の友人であるチャールズも追従する可能性が強く、そうなると、この形成されつつある集団内で一致している判断をダニエルがみずからしりぞける可能性は低くなる。考え方の似通った人間からなる小さなコミュニティが、ある特定のリスクを不安視したり、別の集団に懸念や憎悪を抱く状態になった場合、その原因はカスケードであることが多い。

法をめぐる類似例を考えてみよう。法にかかわる活動に従事していない者にとっては、これは覚えておくべきことである。絶滅危惧種保護法をめぐって争点になっている問題が一つある。問題となるのは、絶滅危惧種を保護するために政府がしなければいけないことが厳密に何であるのか、である。判決の対象になる利害は大きい。というのも環境保護団体は、政府が今よりはるかに多くのことをしなければならないと主張するからだ。この問題に裁定を下す最初の控訴裁判所は、本当に難しい問題だとしながらも、政府寄りの判断を出す。次の控訴裁判所は、ほんのわずかではあるが、政府の方に落ち度があるという見方に近い傾向があったものの、その前の控訴裁判所による裁定は、政府寄りに天秤を傾けるのに十分な重みがあった。三番目の控訴裁判所もまた政府に不利な裁定を出しやすい傾向がわずかながらにあったが、二つの巡回控訴裁判所がそろって出した見解を却下するほどの自信はなかった。結果的にすべての控訴裁判所が歩調を合わせることになるわけだが、ここでは最後にくる少数の人間が、他の人間による見解の一致には非常に大きな重みがあると感じているものの、どの程度までその重みが最初の段階におけるいささか特異な判断の産物であるのかを十分に認識していないのかもしれない。控訴裁判所の見解がすべて一致しているため、最高裁判所はこの争点の取り扱いを却下することになる。こうしたことは頻繁に起こりうる――そして悪法を生み出していくのだ。

たしかに、先例に基づくカスケードが必ずしも起こるとはかぎらないし、控訴裁判所のあいだで意見が割れるのはよくあることだ。[12] その理由の一つは、後続の法廷に、先行の法廷の方が間違っていると推断するだけの十分な自信があることが多いからだ。だが、とりわけ専門性のきわめて高い分野においては、ときとしてカスケードが発生することは避けられない。カスケードが起こってしまったあとにそれを察知するのは困難である。

現状の慣行を改善するというのであれば、言うべきことははっきりとしている。すなわち裁判官たちによる合議体は、二つ以上の控訴裁判所で共通していた見解を尊重するならば、気をつけなければいけない、ということだ。セカンドオピニオンを求める患者は、今の医師にファーストオピニオンのことをばらしてはいけない。なぜなら周囲に左右されない所見を得ることが目的だからだ。同様に控訴裁判所は、これまでの裁判の見解が一致しているからといって、それぞれ独立して出した見解が一致していたことを表わしているわけではない、という可能性を十分に自覚しておかなければならない。また、連邦最高裁判所がいくつもの控訴裁判所で出ていた共通の見解をしりぞける場合、そうした見解の一致を重視しすぎない方が賢明だといえよう。先例にならおうとするカスケードが、そうした共通見解の原因になっていることもありえるからだ。[13] 司法制度にとって危険なのは、カスケードが下級審での見解一致を発生させながら、自己増強していくだけでなく他の見解を寄せ付けなくなっていくという点だ。明白な誤りがないのなら、どうして最高裁判所の出番などあるだろうか。

これまで述べてきた情報カスケードにおいては、カスケードに加わっている者はみな完全に理性に基づいている。だが私の示したように、カスケード内の人間には、自分に先行する者たちの判断がどれだけ自力で集めた情報によるものなのかが分からない可能性もあるのだ。もし大半の人間が遺伝子組み換え食品は健康と環境にとって危険なものだと考えているとして、彼ら全員が間違っているなどということはありうるのだろうか。

実際に彼ら全員が間違っている、という答えもありえる。自前の情報に拠らずほかの人間が出したシグナルに追従しているのならば、とりわけそうだ。それにカスケード外の人間とカスケードに与する者の両方とも、カスケードに対して独立した別個の判断が連続したものだと誤解している、ということはよくある。ときには科学者や弁護士、学者なども請願書や声明に名を連ねたりするので、何百人、いや何千人もの人間が考えや意見を同じくすることもあるように思える。ものすごい数の署名はじつに壮観に映ったりもする。だが、署名した者の大半が当該の問題に関する信頼性の高い情報をもっておらず、信頼できそうだけれども実際には情報価値の低い、無数の他人による判断にたんに追従しているのではないかという可能性を考えると、あるいはそれほど壮観でもないのかもしれない。

情報カスケードに加わっている者が完全に理性に基づいている場合でさえ、判断を誤るという重大な危険性がある。自分のもつ情報を表に出さず、その情報に基づいた行動をできていないというだけで、人は有害もしくは危険な、誤った方向へ収束していってしまうかもしれないのだ。

カスケードは、実験方式で簡単に作ることができる。実験によっては緻密で少し専門技術が絡むものもあるが、そこから得られる四つの大まかな知見は明快だ。第一に、人はしばしば自分個人のもつ情報を無視し、先行する者がもたらした情報を重んじることがある。第二に、人は自分より前の者たちがとりわけ十分な情報に基づいているのかどうかを注視している。つまり、より潤沢な情報に基づいている人間であれば、カスケードを打破することができるわけだ。第三に、ことによるとこれが一番興味深いかもしれないが、個人の判断が正しかった場合ではなく、みずからの属する集団の多数派が下した判断が正しかった場合に報賞を受けられるようにすると、カスケードの効力は大幅に弱まる。第四に、カスケードの効果およびそれに起因する大間違いは、正しい判断ではなく一番多くの人が下した判断に合わせて判断した場合に報賞を受けられるようにすると、著しく増加する。このあと述べるように、これらの大まかな知見は、組織の仕組み作りにとってさまざまの影響を及ぼす。そこから言えるのは、過誤は同調に対して報賞が与えられる場合にもっとも生じやすく、集団や組織が正しい判断ができるよう手を貸した者に報賞が与えられる場合にもっとも生じにくい、ということだ。

もっとも単純な実験は、実験に使用している壺が赤い球二個と白い球一個を入れたAなのか、白い球二個と赤い球一個を入れたBなのかを被験者に言い当てさせるというものだ。[14] 毎回、選ばれた壺の中味は容器に空けられる。無作為に選ばれた被験者には、容器から球を一個（ただし一個だけ）引かせてみる。球を引いたあと、被験者は引いた球の色と、どちらの壺だと思うかを回答用紙に書き込む。引いた球についてはグループ内に知らされないが、被験者がどちらの壺と判断したのかは明かされる。それからまた壺は次の被験者に渡され、再び周囲に見られない状態で球を引き、その結果は明かされず、そしてどちらの壺であるかを判断し、こちらの結果は明かされる。この手順を被験者全員が答えを出すまで繰り返し、その時点になったら実験者は実際に使用した壺を発表する。正解を当てた被験者は二ドルをもらうことができる。

この実験では、カスケードがしばしば発生した。各自の判断が多数明かされたあとでは、ときとして自分個人の引いた結果とは食い違っているが、自分より前に発表された多数派の回答とは一致するような判断を下す者たちがいた。[15] 結果、七七パーセントを超える「ラウンド rounds」〔全員一回ずつ球を引いて回答すること〕がカスケードを起こしており、発表された各個人の判断のうち一五パーセントは「自前のシグナル」を、すなわち自分自身が引いた結果が与える情報を明らかにするようなもので

	1	2	3	4	5	6
引いた球	A	A	B	B	B	B
判断	A	A	A	A	A	A

はなかった。ある一名の引いた結果（たとえば赤）が、その人の直前の人間が発表した答え（たとえばBの壺）にそぐわないものだった場合を考えてみよう。このような場合、それでも二人目の出した答えが一人目と同じであった率は約一一パーセントだった――この数字は多数派には遠く及ばないものの、散発的にカスケードを起こすには十分であった。また、ある一名の引いた結果が直前の二名以上の出した答えにそぐわないものだった場合は、その人の出す答えは直前の人びとに追従しやすくなっていた。注目すべきは、下された判断の過半数はベイズの定理に則っており、それゆえ手に入る情報に基づいて合理的に出されたものだった[16]――しかしそれでも、不正解のカスケードが見受けられたのである。上の表は、カスケードによって面白いほど不正解の結果が生まれた実際例である[17]（使用した壺はB）。

もちろん、ここで注目すべきなのは、各個人の情報の総和――白四個に赤二個だ！――は正解となる判断、つまりBの壺を支持するのが合理的であるという点だ。だが最初の二つのシグナルの存在が、合理的だが間違った判断を引き起こし、他の全員が同じ行動をとることにつながったのである。「最初の段階で発せられた実体を偽るシグナルによって間違った判断の連鎖が始まり、その連鎖はもっと実体を映すシグナルがあとになって出てきても崩れることはない」[18]。この結果が事実や道義、法をめぐる問題に対する現実の評価判定にどのような影を落とすのか、とりわけ周囲から隔絶し、外部から訂正が入りそうにない集団においてどうなるのかなど、一発で分かるはずだ。

カスケードはどうやって発生し、崩壊するのか

カスケードの起こる確率は、制度的な取り決めや社会規範によって変わるのだろうか。社会・政治・法によって定められた手続きで、意図せずにせよ、はっきりと意識した決定によってにせよ、間違った方向へのカスケードの起こる危険性が減じたり増えたりすることはあるのだろうか。

ここで肝心なのは、情報カスケードにおいてはどの人間も対等の立場にあるという点だ。人びとはただ正しい答えを出そうとしているだけなのであり、ほかの人間の見解を気にかけるのは、たんに間違いたくないからなのだ。しかしながら、一部の参加者がほかの者よりも知識があったり、正しいかどうかだけを気にかけているのではない、といったわずかな変更がこの状況に加わることくらいは容易に想像できる。こうした変更は、結果にどのような影響を及ぼすのだろうか。

ファッションリーダーと情報に基づいてカスケードを阻止する者

現実世界のカスケードにおいては、「ファッションリーダー」的な存在が並外れた重要性をもっている。[19] 著名な科学者が、移入民や気候変動は深刻な問題だと言明することもあるし、広く尊敬を集め

ている政治指導者が、ある国が人殺しどもに牛耳られているとか、その国と開戦すべきだとか力説することもあるかもしれない。また、信頼の厚い法律家が、何らかの法令が合衆国憲法違反であると結論づけることだってありえる。こうした事例のいずれにせよ、発言者はとりわけ大きな情報シグナルを発しているのであり、ことによるとカスケードを開始したり阻止したりするほどかもしれない。二〇一八年にイェール大学の経済学者ウィリアム・ノードハウスはノーベル賞を受賞したが、これは気候変動に関する著作によるところが大きかった。多くの人びとが、ノーベル賞の力を借りたノードハウスの知名度上昇によって、気候変動の問題に注目が集まることを期待した。

それでは追従者たちの行動に目を向けてみよう。先に論じたホルモン療法の事例では、医師たちのなかで自分の前の者よりも情報があったとされる、あるいは情報があったと考えられる者はいなかった。しかし多くの場合、人はたくさんのことを知っていたり、知っていると思っていたりする。こうした人びとの場合、自分より前の者たちに追従する可能性がはるかに低くなるのは明白だ。彼らが追従するかどうかは、自分より前の者たちの行動によってもたらされる情報の量と自前の情報の量とを比べた結果によって決まるはずだ。また理論上は、もっとも情報のしっかりとした人はカスケードを打ち破ることが多く、ことによると新たな、もっとましなカスケードの発端になったりもする。これが実際に起こるかどうかは、逸脱行為に及んだ者が現に情報のしっかりとした人だと後続の者たちが分かっているかどうか、もしくはそうだと考えているかどうかにかかっている。そうなった場合、その一番情報のしっかりとした人がファッションリーダーとして機能することになる。

情報のしっかりとした人びとの方が実際にカスケードを打破するのかという問いを検証しようと試

	1	2	3	4	5	6
引いた球	A	A	B, A	B	A	B
判断	A	A	B	B	B	B

みた、端的な研究がある。[20] この研究は、基本的には前述の壺の実験と同じものだが、例外点としては、同一の判定が二連続した際（たとえば二つとも「Aの壺」という判断が出た場合）には実験参加者に特別な選択肢が用意されている。すなわち、一回ではなく二回に分けて球を引いてから判断できる（それゆえより多くの情報を得ることができる）というものだ。ほかの被験者たちは、誰かが二回球を引くたびに、そのことを知らされる。この実験の結果をもっとも単純化して述べると、こうした「打破法」によってカスケードの件数は実際に減少した——またそれに従って、各自の判断も著しく改善したのである。[21]

だが、この仕掛けは完璧に機能したわけではない。一部ではなお、カスケードが見受けられる場合もあった。また一部では、二度球を引くことを許された人が別々の色の球（つまりは赤一個と白一個）を目にして、カスケードを崩すべきだと間違った結論を出すこともあった。その結果は、不正解のカスケードが彼らによって発生するという、注目すべきであると同時にいささか気がかりなものとなった。この証拠資料について考えてみよう。ここで実際に使われた壺はAであった。

この気がかりな行動パターンに類似するものが現実世界にもあることは確実であり、たとえ自分独自の情報では判別がつかず、大勢に倣う方が道理にかなっている場合ですら、人はときとして自前の情報を過度に重視することがある。

だがそれよりも重要なのは、ただこの一点につきる。すなわち、情報がしっかりとした人ほど他人からのシグナルに影響されなくなり、同時に自分たちがより影響力をもつようになる、ということだ。

しかし、ファッションリーダーが必ずしも情報面でまさっているわけでもない場合や、周囲から実際以上に情報や知恵があると思われているような場合はどうだろうか。カスケードを起こすのがうまい自称専門家――ダイエットについて、ワクチンについて、薬膳、代替医療、あるいは景気動向について――というのは想像がつく。そういった人びとは変人かもしれないし、正気でないのかもしれないし、自分を売り込むのに熱心な人間なのかもしれない。この場合、彼らの見解が権威あるものとして誤って受け取られるという危険性がある。SNSではそうしたことが四六時中起きている。その結果、人びとは錯誤に陥ったり、病気や死亡につながったりすることすらある。「フェイクニュース」は山火事のように広がることがあるが、その犯人は情報カスケードである。二〇一七年と二〇一八年には、フェイクニュースがフェイスブックではとくに懸念事項となっていたが、このプラットフォームは誤謬を急速に伝播させる土壌としてよく利用されていた。

どうしたら社会は自衛ができるのだろうか。これについて万能の解決策はないが、制度的な取り決めや自由権、自由市場、よき社会規範といったところに、事実と思われていたものを疑ってかかるよう人びとに促す、答えが隠されていそうだ。言論の自由や自由市場が存在する体制では、権威ある情報源と思われていたものの偽りを暴くことがいつでも可能だ。また集団内では、かかる危険性を小さくするような意思決定の仕組みづくりをすることが可能である。たとえば、票をとる順番を先任順とは逆にし、経験の浅い人たちが自分より前の者たちが下した判断に変に影響されないようにすることもできよう。これは実際にアメリカ合衆国の連邦最高裁判所で行なわれていることである。

ＳＮＳにおける誤謬の拡散は、もちろんのことだがプラットフォームごとに固有の問題を引き起こしている。フェイスブックの場合は、ニュースフィードの改善が有効だろう。それによって被害の大きそうな、または意図的に作られた誤謬を拡散する確率が下がるかもしれない（フェイスブックはそうした目標を推進するため、さまざまのやり方を試行している）。ツイッターもまた、被害の大きそうな嘘が拡散される確率を下げるように考えられた、新たな取り組みを試みてもいいのではないだろうか。ある種の嘘を除去するべきかどうかも、検討するだけの価値がある。だが本書はＳＮＳが行なうことのできる改善について論ずる場ではない。[22] ただ一点だけ述べておくならば、情報カスケードの裏にある仕組みを理解すれば、なぜＳＮＳがデモクラシーにとってひどく有害なものになることがあるのかを解明する役に立つ、ということだ。

多数決の原理——正解への報賞を個人よりも集団に対して与える場合

個人が出した正解ではなく集団の多数派が出した正解に対して報賞を与える制度の場合、カスケードの展開にはどのような影響が出てくるのだろうか。壺を使った実験の興味深い変更版では、集団として下した判断が正解ならば被験者たちに二ドルを与え、不正解ならば二ドルを没収することにし、集団としての判断は多数決の原理で決めるものとした。[23]
個人として正しい判断を下しても、報賞が与えられたり没収されたりすることはない。結果はというと、カスケードが見受けられたのは、試行回数のうちたったの三九パーセントだったのである！

	1	2	3	4	5	6	7	8	9
引いた球	A	A	A	A	B	A	A	A	B
判断	A	A	A	A	B	A	A	A	B

各人が発表した答えのうち、九二パーセントは自分が引いた球の色と合致していた。[24] また、各人が自分個人のシグナルを明かすので、多数決の原理によって十分な情報に基づいた判断がかなり増加した――つまりこれは、この実験方式のなかで全個人がもつ自前の情報を、何らかのかたちで人びとが知ることができた場合に達するであろう結果なのである。この実験結果を理解する一番単純な方法は、ある集団が大人数で構成されており、各人が自分個人の引いた球の色に合致する答えを明かすものと想定してみることである。統計的に考えれば、多数派のとった見解が正解する確率は圧倒的に高くなる。一例として、多数決原理の実験におけるこの試行回について考えてみよう[25]（実際に使われた壺はAであった）。

多数決の原理を採用した実験方式において、カスケード的な行動の発生度が著しく下がった原因は何だろうか。その答えは、個人レベルで正しい判断をしてもいっさい得をせず、集団レベルで正しい判断をすれば得しかしないと各個人が分かっているという事実にある。この結果、自分が見たままのことを述べるのが各個人の関心となる。なぜなら、集団レベルでの正確な判断を促進する可能性が一番大きいのは、それぞれの人間から正確な発表がなされることであるからだ。この実験結果の帰結として、集団や組織の体制の作り方にもたらす影響は大きい。

注意すべきは、多数決の原理が結果の向上をもたらすという作用を説明するのに、集団レベルでの正しい判断に報賞を与える場合、人は利他主義になったり私利の追求を気にかけなくなったりするからだと述べるのは、余計であるばかりか説明にならないとすらいえる点だ。むしろ、利己心によって人びとの行動について完全に妥当な説明をすることができる。個人ごとに報賞を与える条件では、自分がほかの人びとに正確なシグナルを出しているかどうか、ほとんどあるいはまったく気にかけないのが純粋に合理的なのである。そのようなシグナルは「外在化した情報」といい、ほかの人間に良きにつけ悪しきにつけ影響を与えるが、自分自身が得をする確率には影響を与えない。たとえある被験者個人の発したシグナルがほかの人間の判断を誤らせても、当該の被験者が気にする必要はないのである。

しかし先ほど述べた、多数決の原理に基づいて、集団として下した正しい判断に報賞を与える条件では、不正確なシグナルでは集団が正しく理解する確率が減るという理由だけでも、被験者は正確なシグナルを発することに非常に気を遣わなければならない。さらにこの場合、自分たち個人の判断が集団にとって役立つシグナルにならないかぎりは、被験者は個人の判断の正確性については気にする必要がない。それゆえ、集団で正しい判断をすれば報賞がもらえるという場合、唯一期待すべきことは、カスケードが減って正解の結果が増えることだけなのである。

ここには、一般に広く当てはまる点がある。ほとんどの人にとって、現実にありそうな仮定条件のもとでは、カスケードに参加するのはまったく合理的なことである。参加した者は、たとえ（自分個人がもつ情報を明らかにできずに）ほかの人間の得にならなくても、それどころか（間違ったシグナルを伝えることによって）積極的に害をなしても、自分の得になる。このような主張は、人びとがただ正確に理解しようとしているだけの場合でも、同調したところでそれ自体に報賞が出るわけではない場合でも、当てはまる。対照的に、現実にありそうな仮定条件のもとでは、自分個人のもつ情報を明かしたりそれに基づいて行動したりするのは、たとえそうすることで自分以外の人間に恩恵をもたらすとしても、合理的なことではない。もしほかの人たちが子どもにワクチン接種をさせないと決めていると して、彼らは自分のやっていることが分かっているはずだと思うなら（たとえ自分の知識に基づいて彼らとは意見を異にするとしても）、こちらはただ彼らに調子を合わせておき、疑念を口に出さないということもあるのではないだろうか。

結論を述べると、多数意見に同調しない者たちは、自分たち独自の情報を明らかにするので、自由に声をあげるよう奨励されなければならない。それは端的にいって、彼らは自分たちに目を向ける者に恩恵をもたらすからだ。この点は多くの組織に当てはまる。さらにこの点を、法廷においてカスケードが発生する危険性の重大さと合わせて考えるなら、多数派による判断が批判的に吟味される可能性を増すからというだけでも、司法における反対意見を十分に評価すべき新たな理由となる。アメリカ合衆国の連邦最高裁判所のなかだけでみても、多数派と異なる意見が法となることは頻繁にあり、実際にこれまで法になったことは一三〇件を優に超えている――この点については、また後述する。

この主張は、制度的な取り決めの適切さにもつながる。つまり、各個人が集団に対し情報を開示するような誘因を生み出す仕組みはどれも、さらに良い結果を出す可能性が大きいということだ。だからこそ、集団として下した判断次第で自分たちの幸福が増進する（もしくは増進しない）と各個人が分かっている、多数決の原理を採用した仕組みは、著しく有利な点をもっているのである。民間だけでなく公共の組織でも、うまく機能しているものは、こうした洞察から恩恵を受けている可能性が強い。この点をふまえると、一般市民の果たすべき義務についても言えることがあるのではないだろうか。すなわち、判断に迷う場合には、一般市民は自前のシグナルを、隠蔽して大多数の人間に合わせるよりもむしろ表に出すべきなのである。ことによると直観に反するかもしれないが、この手の行動は、物事を正そうとしている個人の観点からみれば最適ではなくとも、問題に直結するあらゆる情報を利用しようとしている集団や国の観点からみれば最善となる。

ここでいくつか区別をつけておかなければいけない。壺を使った実験で多数派の判断に報賞を出す変更版は、人に自分のもつ情報を正確に開示するインセンティブを与える。これは集団が恩恵を受ける情報であり、もし個人ごとの正しい判断に対して報賞を与えていたら出てこない情報である。正確な情報の開示は、制度の仕組み作りにおける主要な目標の一つだ。だがこの実験は、人びとの意見がいつも一致しなければ集団としてうまくいくと言っているわけではないし、いつも自分の思ったことを言っていればうまくいくというわけですらない。童話「裸の王様」において、少年は懐疑的な人間でも反抗的な人間でもない。むしろ彼は、多数派に同調しない者の一つの決まったタイプ、すなわち、開示者であって、自分が現にもっている情報をさらけ出すのである。壺を使った実験で多数派の判断に報賞を出す変更版は、この少年のような行動を被験者たちに促す。

対照的に、別のタイプの人間も考えられるのであり、こちらは天邪鬼といい、ほかの人と意見を異にするだけで金銭その他の面においてうまみを味わうことができると考えている人間である。多くの場合、天邪鬼が集団の役に立つような可能性は低い。天邪鬼タイプの人物がそういう人間として知れ渡っているならば、その人物の発したシグナルは、非常に耳障りであまり有益な情報とならない。そういう人間として知れ渡っていない場合でも、自分が開示者というよりも天邪鬼だというだけの理由で、正確な情報を開示できないことが多い。そうした意味では、天邪鬼タイプは集団が正しい判断にたどりつく助けにはなっていないのである。壺を使った実験の変更版で、一名の天邪鬼が毎回自分の前の人間が発表した内容と逆のことを発表する、というものも考えられるだろう。このような行動によって結果的にはカスケードが減るだろうと考えて差し支えないが、個人レベルにせよ集団レベルにせよ、判断の誤りが減ることはないだろう。それどころか、誤りは増えることだろう。

そうであるならば、開示者タイプの同調しない人間は、少なくとも問題にかかわる手持ちの重要な真実を明かした場合には、評価されるべきである。対照的に、天邪鬼タイプの同調しない人間は一長一短というのがせいぜいなところだ。また、多数派に同調しない人間では、知られていない事実を明かすのではなく、ただ集団内の議論では取り上げられなかったであろう見解を表明する、というタイプも考えられる。そのようなタイプは、たとえば大量の移入民は経済成長率を高めるとか、動物にも権利を与えるべきだとか、学校での礼拝の時間は認められるべきだとか、死刑は禁止すべきだなどと力説することもありえる。政治や法の分野では、カスケード的な行動により、人は概して事実についてではなく見解について沈黙することになる。問題に直結する事実を集団が必要としているのは言うまでもない。だが個人的にもっている意見まで知る必要はあるのだろうか。

その必要は間違いなくある。また、その理由は二種類に分けられる。第一に、こうした意見はそれ自体で重要性があるからだ。ほとんど、あるいは多くの人間が学校での礼拝に賛成だったり、死刑は道義上容認できないと考えているのなら、その事実を知っておくのは重要なことだ。他の条件が同じであるならば、個人も政府も、仲間の一般市民が実際にどう考えているのか知っていた方が好結果を出す。第二に、同調に反対する意見は、説得力のある議論になっていてもおかしくないからだ。そのような議論が依拠しているのは、結局のところ、事実に関する判断であることもあるし、純粋に規範となる主張であることもある。同調したり、カスケードに陥ったり、あるいは一人勝手に同意したりする人たちは、こうした議論を耳にすることが大事なのである。これはJ・S・ミルの標準的な論点であり[26]、そちらについてはまたすぐに触れることとする。

アメリカ合衆国の連邦裁判所では、裁判官のなかに個人的には意見を異にしていても多数派につく、「追随的な同意」をよく提案するらしい者もいる。このような裁判官は、自分の本当の意見について、そしておそらくはこの先の票決についても、間違ったシグナルを送っているのである。そうしたことが当てはまるのは、連邦裁判所だけではない。企業でも、議会でも、ホワイトハウスでも、多くの人間が「追随的な同意」を勧めてくる。私は光栄にもバラク・オバマ大統領のもとで、大統領行政府に勤務していたが、「追随的な同意」を目にすることがあった。物事が一番うまくいっているときには、人びとは自分の考えを表に出していた。

実際によくあるように、報賞が得られるのは自分が正しかった場合だけでなく、というかほぼそちらではなく、ほかの人たちがやっているのと同じことをした場合、むしろそちらが大半の場合であったとしよう。報賞は、お金や出世のチャンスが増えるといった物質的なものかもしれないし、人間関係の充実や深まりといった非物質的なものであることもあるだろう。現実においては、人はよく同調しないことで制裁を受け、同調することで報賞を得たりする。リーダーの見解や多数派の見解を否定する者は、自分が昇進できにくくなり、嫌われやすくなっていると感じたとしても無理はない。組織や集団、そして政府は和を尊ぶことが多く、同調しない者たちは和を乱しがちである。ときとして、正しくあることよりも「チームの一員」であることの方が大切な場合もある。「場合によっては、文化集団はきわめて強く規範の押し付けを行なうようになり、適応力の高い進化の過程を、もともと備わった文化伝達の仕組みによって集団内に生み出すうえで必要となる、個人単位でのばらつきや革新、「誤り」を厳しく抑圧することがある」[27]。

その結果起こりそうなことは明白だ。同調する者たちに報賞が与えられるなら、ほかの人間がしているのと同じことをさせようとする誘因によって、正しい判断をさせようとする誘因が強められるか取って代わられるかし、それだけの理由でカスケードのような行動は増加するだろう。この効果の大きさは、同調させようとする誘因の大小によって変わる。だがこの誘因が存在する場合は必ず、人は自前の情報を無視してほかの人びとに追従する傾向に拍車がかかることになる。ほかの人間に追従すると罰を受けるとか、周囲に流されなければ報賞を得るというならば、逆のことが起こると予想できるはずである。なぜならそのような場合、カスケードのような行動は減少するはず、それどころかゼロになるはずだからだ。目下のところ私が大きく取り扱っているのは同調させる誘因の方だが、状況設定が変われば、周囲に影響を受けない方が珍重されることもある。そうした可能性については、このあとにいくつか指摘をするつもりである。

同調によって報賞を受ける場合に問題なのは、最初に情報を開示する者にしろ同調に反対する者にしろ、「目立つうえに個人として特定され、仕返しとして孤立させられやすいため、代償がとくに大きい」人間にとっては、とりわけ過酷であるという点だ。[28] また、もし最初に同調に反対する人間が出てくるのをうまく抑止できれば、同調に反対することがきわめて起こりにくくなる。権威主義的な政府は、この事実を十分に心得ているので、反対意見をつぼみのうちに摘み取ろうとするのだ。しかしながら、情報を開示する者や同調に反対する者の数が一定割合に達すると、臨界点のように、行動に大規模な変化を生み出す場合がある。[29] それどころか、たった一人の開示者、あるいは懐疑的な人間が、神話が崩壊するような出来事の連鎖を引き起こすことができてしまうかもしれないのである。

「裸の王様」の話に戻ろう。「しかしながら子どもは、大切な仕事などもっておらず、その眼が映してくれたものだけを見ることができたので、馬車に向かって進んでいきました。「王様は裸だ」と彼は言いました。……男の子の発言は見物人たちの耳に入り、何度も繰り返されて、ついには誰もが「この少年の言うことは正しい！　王様は裸だ！　間違いない！」と大声で言いました」。[30] この物語がもつ説得力は、日常生活への馴染みやすさに由来するものである。私たちはみな、誰かが王様は裸だと言うような状況や、あやうく誰かが言っていたかもしれない（もしくは言っておくべきだった）ような状況を目にしたことがある。厄介な壁となるのは、この一連の流れを引き起こすことがきわめて難しいという点であり、最初に情報を開示した者たちが社会的制裁や法的制裁に遭いやすい場合はとくにそうである。

このような場合に、はみ出し者や不平分子には有益な役割を果たす見込みがあることが見て取れる。

	1	2	3	4	5	6	7	8	9	10
引いた球	A	B	B	B	A	B	B	B	A	B
判断	A	A	A	A	A	A	A	A	A	A

彼らは、ともすれば無視されていたであろう情報や視点をほかの者たちにもたらす点で、貴重な役目を務める。文化の進歩にとって悪影響を及ぼす障害は、「革新を起こす者、実験を試みる者、錯誤を犯す者などの貴重な存在が、真似されるべき人びとと見なされないよう」排除する「社会構造」[31]から生じているのではないか、という指摘について考えてみよう。ここに留保を設けるならば、先述のように天邪鬼タイプは錯誤を減らすことがなく、カスケードの減少に寄与するかもしれない。

同調に関していうと、こうした推測は、上記の壺を使った実験に巧妙な変更を加えたものによって裏付けられる。[32]この実験では、各人は正解を出せば二五セントの報賞を与えられるが、集団内の多数派と同じ判断をすれば七五セントもらえるようになっていた。また、不正解および多数派に合わせない回答に対しては罰も設けられていた。不正解の判断をすれば、二五セントを没収される。もし自分の判断が集団全体の判断に合わせられなければ、七五セントを没収されるのである。

この実験で、カスケードはなんとほぼ毎回発生した! 九六・七パーセントにものぼる試行回数がカスケードを生む結果となり、発表した回答の三五・三パーセントが、発表した者にとって自分だけのシグナル、すなわち自分で引いた球から受け取るシグナルと合致していなかった。また、あとにくる者の引いた結果が自分の前の人が発表した回答と矛盾していた場合、七二・二パーセントの人間が一番目に発表された回答に合わせていた。そのことを劇的に表す実例として、実験におけるこの回について考えてみよう[33]（この回に実際に使用された壺はB）。

ここから学べるのは、同調に報賞を与え逸脱を罰する制度は、判断の悪化を招く可能性と、自前の情報というかたちで明かされるものが少なくなる可能性が、はるかに大きくなるということだ。また、重大な過誤は構成員たちが感情や友情、連帯の絆によってつながっている集団によって犯される、という先の指摘との関連性がここで出てくるのである。そのような集団においては、異議や反論を唱えたりすれば広く規範と考えられているものを破ることになるという恐れから、構成員はたいがいそういうことをするのに積極的でなくなる、というかむしろ嫌がる。カスケードや下手な判断は起こりやすくなる。前章で論じた投資クラブのことを思い返してみればいい。感情的な絆に頼っている組織は、同調に逆らう動きを抑え込み、自分個人のもつ情報や考えをできるだけ開示しなくなる確率が高い。一部の宗教組織や政治組織は、その紛れもない実例である。同調による、社会を破滅に導くような規範は、人びとが自分個人のもつ情報を無視してほかの人間の言動に合わせようとする傾向を悪化させるのである。

もし組織が間違いを避けたいのなら、自前のシグナルの開示は望ましいことだと明確に示すべきである。その理由は、そうすることが組織そのもの、全体にとっての利益になるからだということに尽きる。ほとんどのうまく機能している社会では、多数派の見解に同調するのが礼儀正しい行動であるように思われるので、このような指摘は直観に反しているような感じがする。ここで私が言っておきたいのは、社会の側からみれば、正しい判断をすることだけが大事である場合に個人がするような行動の方がよいのであり、集団として正しい判断をすることだけが大事である場合に個人がするような行動であれば、なおさらよいのだということである。

もちろん、規範をめぐる問題は単純なものだとはかぎらない。感情や連帯による絆は、しばしば集団の構成員にとっては重要なものであるし、多くの人は同調への反対や意見の不一致をありがたいとは思わない。ことによると、当該の集団や組織にとって本当に重要な点は、好成績を出すことではなく、明るい見通しや仲の良い関係を醸成することだったりもする。同調する人間は、意見対立からくる厄介事を作るのを避けるのだが、成績を犠牲にすることも多い。しかるに同調しない人間は、成績の向上も起こすが、意見の対立を増やす傾向にある。

抽象的な話では、さまざまなメリットを具体的に取捨選択して最大化するのは容易なことではない。なにもかも、その集団の目標次第なのである――つまりどのメリットを最大化しようとするのか、によって決まるのである。正しい判断をするというのが唯一の目標であるならば、集団としては手持ちの情報を開示する者や同調に反対する者を奨励する必要がある。もし集団に属する人びとにとっての主たる目標が、社会的な絆を維持・発展させることや楽しい時間を過ごすことであり、何らかの課題を成し遂げるのでない場合、同調しない者たちが緊張関係や対立を持ち込むぐらいであれば、同調するだけでこと足りる。あるいは、戦時における同調への反対という問題について考えてみるとよい。戦争を遂行する側にとっては、市民の真意を知っておくことも重要であるし、実際に間違いを犯した、あるいは間違いを犯すかもしれないと気づくこともまた大切である。しかしながら、とりわけ戦時においては、市民の側がある程度の連帯感を抱いていることや、おおむね楽観的であること、共通の目標をもった活動に携わっていると考えていることは重要だ。なぜならこうした考えは、ともすれば成功を脅かしかねない、集団行動上の問題を解決するのに役立つことがあるからだ。同調への反対は、起こり方によっては、間違いを正す一方で社会的な絆を弱めたりもする。もちろん言論の自由は原則であるべきだが、このジレンマを解消する簡単な方法はない。同調に反対しがちな者たちは、自分の見解を開陳したことに起因する足並みの乱れを引き起こすのに、それだけの価値があるのか判断を下さなければならなくなる、それを考えてみるだけでもよかろう。

同調しない者の側が間違っている、という場合も考えられる。彼らが天邪鬼である場合はとりわけ――といってもそればかりではないが――そうであるし、自分たちが間違っているのに、ここで論じられたような過程をたどって錯誤を広めることだってないわけではない。そうした人間は、フェイクニュースの出どころになったりもする。ここまで論じてきたなかで、同調もカスケードもそれ自体が悪いと述べたことはない。示したことがあるとすれば、それらの根底にある仕組みによって、人が自分が知っていること・考えていることを明かさなくなる可能性や、明かしそこねることによって社会に被害が及びかねない可能性が大きくなる、という点だけだ。周囲に影響を受けない場合よりも情報面での影響や評判による影響によって過誤が少なくなるような実験法を編み出すのは、難しいことではなかろう――たとえばもし、出された課題がとくに難しいところに、正解を持ち合わせ、自信に満ちたサクラが実験者によって配置されたとすればどうだろうか。専門家に権威があり、人びとが彼らの言うことにきちんと耳を傾けているというのなら、それはこうした経路を経て、間違いが最小限にとどめられているからである。だが評判による影響は、それによって専門家を含む人びとが自分の実際に知っていることを明かすようにならないかぎり、重大な危険性を帯びることになる。むしろ、これがさまざまの同調実験から推測することのできる、もっとも厄介な点なのである。

沈黙が金である場合

私はこれまで、情報を開示することが集団の利益となるような事例を大きく扱ってきたが、この議論のなかでは逆の可能性があることも示唆されており、集団内の人間が内情を明かして知っていることを世間一般に話してしまうような場合は、間違いなくそうした可能性がある。(34) 機密性はもっとも重要なものになることがある。もし集団内の人間が体裁の悪い、あるいはそれよりもまずい情報を表に出したりすれば、ライバル関係もしくは敵対関係にある集団に力を貸すことになる。また、どんな発言内容でも公にされてしまうかもしれないと誰もが分かっているだけでも、集団としては今後率直な意見のやりとりが行ないにくくなるかもしれない。「漏洩」を防ごうとする強固な規範が是正措置となっても無理からぬことである。そして集団構成員の一部が悪事をはたらいた場合、その事実を暴露することは集団内の多くを、あるいは全員を貶めることになりかねない。

機密性のことはさておき、職場での会議に出席したことのある人であれば誰しも心当たりのあることだが、発言者は自分の使う時間は余すところなく享受しておきながら、その皺寄せはほかの者に押し付けてくる可能性がある。この残念な現状によって、会議が不条理なまでに長丁場となることもある。立法府と裁判所、どちらの審議も同じ問題に悩まされることがある。沈黙するにせよ非公式に時間制限を設けるにせよ、集団規範に同調するのは、このうえなく大切だったりもするのだ。

一つ認識しておいてもらいたい大事な点は、私が大きく扱っている問題——全体に恩恵をもたらすような正確な情報を開示しそこねること——は、暴露ではなく沈黙が集団にとっての善とされているような事例において数多く発生する問題ときわめて相似した関係にある、ということだ。また、もし開示によって正しくない情報が広まったりすれば、恩恵をもたらす可能性は薄くなるわけであり、とりわけ以前の判断による好ましい影響を打ち消したり、独自にカスケードを生み出したりする場合(フェイクニュースの拡散を想起せよ)はそうなる。私が焦点を当てるのは情報の開示ができない場合についてであるため、沈黙が金となるような状況については、そうした状況の分析の基本部分がここでの分析とさして変わりないと指摘しておく以外に、留意することはしない。[35]

同調に関する実験自体にもさまざまな種類があるといえるが、出てくる結果については予想がつく。もし金銭的な報賞が同調に対してのみであるか、ほぼそれと変わらないならば、カスケード的な行動は増加するだろう。また七五セントの報賞を半額に減らせば、カスケード的な行動は減少するはずだ。もちろん数多くの方式を混合した実験というのを考えてみることもできる。いかにもそのような例を一つ挙げるならば、多数決の原理を採用した方式で、集団の多数派が正しい結果に至った場合に報賞を受けられるだけでなく、同調した場合にも報賞を受けられたり、同調しなかった場合に罰を受けたりするような実験がある。このような場合、カスケードは発生するのだろうか。

その答えは、二つある誘因それぞれの大きさによって変わる。もし集団として出した判断が各個人の福利に大きく影響するならば——もし良い結果が出たことによって自分たちの生活が大きく向上するならば——カスケードは生じにくい。だが最終的な結果がほとんど影響を与えなかったり、同調が高い報賞をもたらすようならば、カスケードは免れがたい。多数派が正しい判断をしたら各個人は二ドルをもらえ、同調すれば二五セントをもらえる実験方式は、多数派が正しい判断をしたら各個人が二五セントをもらえ、同調すれば二ドルをもらえる実験方式とは違った（かつより良い）結果が出るだろう。

現実における集団やデモクラシーは、この手の報賞に関して数えきれないほどの変種を提供してくれるが、報賞がきわめて曖昧であること、つまりどんな内容か分からなかったり、数量化しようとするのが大変難儀であったりすることも多い。だが、同調圧力が実際に情報の開示を少なくする結果を招くという点は、まず間違いない。数多くのライム病の診断に対し疑問符を突きつけた医学研究者の言葉について考えてみよう。「医師たちはもはや自分の思っていることが言えなくなっている……私がこう言っていたなどと君が引用しようものなら、私は死んだも同然だ」[36]。内密にインタビューを受けた際には、ギャングの構成員は自分たちの反社会的行為について相当の心苦しさを訴えているが、みずからがとった行動が反社会的行為に完全に肩入れしていると思わせるので、連中のほとんどは自分たちがやったことを是認しているのだという考えが広まることになる。[37]あるいは、狂牛病による健康被害の脅威について疑念を表明した、ある社会学者の所見を取り上げてみよう。この所見から窺えるのは、もしそのような疑念を公に表明したりすれば、「自分が小児性愛者になったかのような気分にさせられる」ということだ。[38]

アレクシ・ド・トクヴィルは、十八世紀半ばにおけるフランスの教会勢力の没落について、このように説明している。「教会の教義に対する信仰心をもち続けていた人びとは……誤謬よりも孤立を恐れて、多数派の意見におもねるふりをした。そのため、現実には国民のごく一部の意見でしかないものが、国民全体の意志であると見なされるようになり、またそれゆえに、こうした嘘の見せかけをしていた人びとにとってすら、抗えぬものとなったようである」[39]。あるいは背筋の寒くなるような例として、ボスニア・ヘルツェゴビナ紛争時にモスタルで人を殺した者による、自分の行為は殺害相手の人格が邪悪であるという確信の産物だったのではないという趣旨の発言はどうだろうか。むしろ相手の多くはかつての友人たちであった。彼の弁解では、自分のやったようなことをしなければならなかったのは、自分の属するセルビア人コミュニティの一端にとどまるためだったという。[40]

一筋縄にはいかない点が最後にもう一つある。これまで述べてきたような状況設定では、同調しない人間は命の危険を冒す羽目になり、同調しなければ制裁を受けることになる。本書全体にわたって私が強調するのは、この点だ。だが情況によっては、同調しない者が名を上げることを狙っていて、異論を唱えることがそうするための理に適った方法になっていることもあるかもしれない。同調しない者が利己的で、失速した自分の経歴に弾みをつけようとしていることもある。そのようなことは、よく起こるのだ。ウェブサイトを運営している者は、既成概念を破るような見解によって、ともすれば暴論によって人気が出ることがある。政治において多数派に同調しない人間は、一般に流布している慣行に挑むことにより、場合によっては結果的に知名度や地位を高めることになったりする。世間の注目を集める裁判において他と異なる判断をした裁判官は、自分の評判が傷つくのでは、とはあまり恐れていないかもしれない。というのも、同調しない方がかえって得になると考えていることがあるからだ。

一国というものが、種々の価値観や信条をもつ無数のコミュニティで構成されているというのが事実であると考えると、この点はいっそう強まる。公に異論を唱えた者は、ある集団では評判を損ねても、同時にほかの集団では評判を高めるかもしれない。ラジオ番組で、フェイスブックで、あるいはツイッターで、彼らは「私を見て！」と言っているようなものだ。そしてもし人びとが彼らに目を向けたなら、本人たちにとっては重要な、何らかの前進を遂げることができたといえよう。もちろん、人によっては自分の考えたことを述べて実行し、自分の評判のことはあまり気にしない者もいる。彼らが求めるのは、情報を増やすことなのである。彼らは信ずることのために反逆するのだ。

しかしながら、私の主たる関心事に話を戻そう。大抵の場合、あるいはそれ以上に、人は自分と関係のある相手から受けている高評価を損ないたくはない。こうした願望の結果、世間一般が入手できる情報が減らされることになるのである。情報以外にも、人は好き嫌いや価値観をもっていることがある。彼らは新たに移民を受け入れるべきだと考えているかもしれない。動物の権利を信条としているかもしれない。しかしいずれにせよ、同調への圧力があるからというだけで、人は自分の考えを表に出さないことがあるのだ。デモクラシーの実践という観点からすると、これもまた問題であるということはすでに述べた。たいがいの場合は、人が自分の欲するものや重んずるものを開示するのは、大切なことである。壺の実験で得られたような結果の基本部分は、事実に関してだけでなく好き嫌いや価値観に関しても同じであり、同調に対して報賞が与えられると、（本音の部分ではなく）表面上で意見が一致する度合いは増す。

この点をふまえると、「同調に反対する膨大なサイレント・マジョリティの存在があっても、不評で破綻しきった規範が残り続けているのはなぜか」[41]を説明するのに役立つ。ほかの人から怒りを買うのを恐れるあまり、内心では忌み嫌っているような慣行や価値観に対して、表立っては異論を唱えないこともある。セクシャルハラスメントの行ないは、セクシャルハラスメントの概念よりもはるか昔から存在し、ハラスメントの被害を受けた数知れぬ女性たちが、それを嫌がっていた。だが、一つには公然と被害を訴えたときの後難を恐れて、女性たちはあまりにも長い期間、沈黙していたのである。現在もある慣行の多くが、大まかにいってこの部類に入る可能性があるのではないかと推測してみるのも興味深い。つまりは、実害を出し、かつ実害を出すと知られていながら、実害を受けた者の大半が、もし公然と反対すれば嫌な目に遭うと思ってしまうからというだけで、しぶとく残っているような慣行なのではないか、ということだ。

評判カスケード

同調圧力のことをまじめに考えるなら、情報カスケードの姉妹版に当たる評判カスケードも起こりうるということが見て取れる。[42]評判カスケードにおいては、人は何が正しいか、もしくは何が正しそうなのか分かっているのだが、それでも大勢がいる方に迎合してしまう。ときにはどんなに自分に自信がある人でも、この過程の餌食となり、沈黙してしまうことがある。むしろ同調に報賞が出るタイプの壺の実験は、評判カスケードのみごとな一例だといえる。したがって、同調実験でみられた仲間からの圧力《ピアプレッシャー》による影響というものを援用すれば、どれだけ多くの社会運動が発生しうるのかを明らかにすることが可能だ。

遺伝子組み換え食品は深刻な問題だ、といった内容のことをアルバートが述べ、バーバラは表立ってはアルバートに賛同したが、実際にアルバートと意見が一致していたからではなく、自分が無知だとか人体の健康や環境保護に無関心であるようにアルバートに見られたくないからだったとしよう。遺伝子組み換え食品は深刻な問題だ、という点でアルバートとバーバラの意見が一致していたら、シンシアはその見解が正しいと考えるからではなく、相手から敵意を向けられたり評価を落とされたりしたくないという理由で、二人の意見に表立っては反駁せず、二人の見解に合わせるようにすら見せるかもしれない。このような過程からカスケードが生まれるのを見てとるのは難しくない。アルバートとバーバラとシンシアがこの問題について共同戦線を張ってしまうと、彼らの友人であるデイヴィッドは、たとえ三人が間違っていると思っていても、彼らに反駁するのには非常に抵抗感をおぼえるかもしれない。現在の政治指導者に対する熱狂ぶりや、この職場では万事順調であるとする表立った見解、なにか特定のイデオロギーへの傾倒らしきものも、これと同じパターンをもった事実を用いて説明ができるだろう。

現実の社会において集団として判断を下すとき、表立って示された言明が、それぞれが独自に得た知識から生まれたものなのか、情報カスケードに巻き込まれた結果なのか、それとも評判面での圧力によるものなのかは、人はもちろんはっきりと分かるわけではない。たいていの場合、どの程度ほかの人間の行為がそれぞれ独自の情報に基づいているのか、見たり聞いたりする側は過大に捉えていると考えるのが妥当だ。

評判カスケードは民間部門で発生する。会社内部で、非営利組織の内部で、宗教団体の内部で、評判カスケードは起こっている。また、政府のあらゆる部門でも評判カスケードは生まれている。立法府の議員はもちろん評判面での圧力に影響を受けやすい。それが彼らの仕事の一部だからだ。選挙で選ばれた代議士たちが、危機とされるもの（実際には危機でないこともままあるが）に対処する法律制定について、突如として支持に回るような場合、彼らは評判カスケードに巻き込まれているのだ。たとえば二〇〇二年の七月にアメリカ合衆国において、企業の汚職に対処する措置を性急に定めようとしたことを取り上げてみよう。[43] 疑うまでもなく議員たちのうちの多くは、みずからが支持する当の法律制定に内心では懸念を抱いていたし、自身は法案に不賛成であるにもかかわらず賛成票を投じた者も、おそらくはいただろう。私としては、当該の法律制定についてあれこれ意見を言うつもりはない。ことによっては、これはすばらしい発案であった、とする場合もあるだろう。大事な点は、幅広い支持を得られたのは、一部は評判カスケードの結果であったということだ。

より際立った例としては、忠誠の誓いにおける「神のもとに（under God）」という言葉の使用を差し止めるよう命じた控訴裁判所の判決に対して、連邦議会上院の議員全員（！）が反対したことが挙げられよう。[44] どちらの場合も、立法府の議員のなかには評判カスケードに巻き込まれ、自分の評判を傷つけないために、内心にある疑念を押し殺した者たちがいたのである。

情報カスケードにおいて一番深刻なのは、個人が手元にもっている情報を集団が手に入れられないという問題だということは、重要な点として指摘しておいた。まさに同じ問題が評判カスケードにおいても起きていて、そうなると集団や公衆のなかの人間は、多くの人が分かっていることや考えていることを知ることもまた、できなくなるのである。評判カスケードの場合、人は自分が間違っていると考えたからではなく、自分が正しいと考えた見解を表明することで起きる（と思った）反対を受けたくないから、口をつぐむ。その結果問題となるのが、いわゆる集団的無知、すなわち大半あるいはすべての人間にとっても、実際にほとんどの人たちがどう考えているのか見当がつかなくなっている状態である。[45] 集団的無知にさらされると、人は自分以外の人びとが何らかの見解をもっていると思い違いをし、その思い違いに従ってみずからの発言や行動を変えてしまう。

一定の条件下では、この自己検閲は社会にとってきわめて深刻な損失となる。たとえば、東欧では共産主義体制が長年のあいだ存続できていたわけだが、それは強圧のせいだけではなく、人びとがほとんどの人間は既存の体制を支持しているという考え違いをしていたせいでもあるのだ。[46] 共産主義体制の崩壊は、各自が秘めていた情報を開示し、集団的無知を集団的認識に近いようなものへ変えることによってのみ、可能だったのである。このあとでみるように、戦時下においては自己検閲によって勝利が危うくなることもある。評判にかかわる圧力はまた、エスニシティによる識別を先鋭化させ、場合によっては、ひと昔前であればそのような識別など問題でもなく、敵対関係が生じるなど考えられなかった集団同士に、強烈な敵対関係を生み出したりもする。そしてもし、なんらかの見解が咎めを受けるようなことがあると、いずれ不評な見解はもはや公に論議の的にはならなくなり、以前であれば「とても考えられない」ようなことが、今度は「考えにすらのぼらない」ことになってしまうのである。[47] もともとタブー視されていて、提起されることがほとんどあるいはまったくなかった見解は、耳にすることがないというだけで完全に除去されてしまう。やはりこの場合も、みずからの評判を顧みず、本心で思ったことを述べる人間が、ときにはその代償を払いながらも、社会全体にとって貴重な役割を果たすのである。

言論の自由を含むさまざまな市民的自由は、人びとを同調圧力から引き離そうとするものだとみることができるのであり、その理由は個々人の権利を守るためというだけでなく、黙秘の危険から社会全体を守るためでもある。哲学者のジョセフ・ラズによる名文句が、この点を明快に示している。「もし、表現の自由があっても自分自身にはその権利がない社会に生きるのを選ぶか、自分自身にはその権利があっても社会にはない方を選ぶかといわれたら、私なら迷わず前者の方が自分個人の利害にかなうと判断するだろう」。[48] 言論の自由がある体制は、その権利を行使することをあまり気にかけない人びとに数えきれないほどの恩恵をもたらすという事実に照らすと、この主張にも道理がある。世界の歴史をみても、民主的な選挙と言論の自由がある社会は、飢饉を経験したことがいまだかつてないという事実を取り上げてみよう[49]——これは政治的自由が、それを行使しない人びとをどれほど守っているのかを如実に示すものだ。

ここでとりわけ注目すべきなのは、結社の自由である。なぜなら結社の自由のおかげで、通常は存在する同調へのインセンティブが存在しない、もしくはそれに逆らうような集団を、人は組むことができるからだ。一般的に、社会は何らかの政治的な主義主張に対して咎め立てるものだが、そうした主義主張を許容していたり、守り立てさえするような結社がみられる。多くの運動がそのおかげで実現可能になったのであり、男女平等や環境保護、信教の自由、それにアメリカ独立革命そのものだって、このなかに含まれているのである。秘密投票も、これに関連するものとして見ることができる。秘密投票のもつ利点の一つは、情報面におけるさまざまの圧力要素を減らし、その結果、投票者が自分たちの希望するものを示しやすく、他人の意見に左右されにくくなることだ（多数派が出した正解に対して報賞を与えるタイプの壺の実験を思い出してほしい）。だがもっと目に見えて明らかな利点は、投票者が匿名で行動することができ、世間からの誹りを恐れずに票を投じられることにある。

情報カスケードが及ぶ範囲にも限度があるのとまったく同じく、局所的な評判カスケード――特定の集団が公に出す意見を作り変えるが、それよりも大きな社会の意見を変えることはないカスケード――というものもありえる。どこかの集団が、何か恥ずべき政治的主張がきわめて重要であるだとか、ありもしない危険が実際問題としてかなり由々しきことになっているだとか、望みのない医療処置に奇跡的な治療効果があるなどと考えている場合、その集団内の懐疑派が声を上げないからというだけで、局所的な評判カスケードが当然絡んできていたとしてもおかしくはない。フェイスブックでは、毎日のように局所的な評判カスケードが起こっている。

もちろん情報面での影響は、評判面での影響と相互に作用しあっている。たとえば数十年前、南アフリカでは「エイズ否定論」という文字どおりに命取りとなる現象があり、エイズは実在する病気ではなく、ある特定の薬を貧乏人に売りつけるための陰謀だという内容のことを、名だたる指導者たちが述べたのである。この場合、たしかにカスケードは発生していたが、その大部分は評判が傷つくことを恐れてのことではなく、真偽の疑わしい事実（フェイクニュース）の伝播に基づくものだった。[50]しかし評判面における圧力を大きく取り上げてみると、考え方の似通った人間からなるさまざまなコミュニティにおいて（事実や価値観をめぐる）根拠のない異様な主義主張がなかなか消えない大きな理由が何なのかが明らかになる。このような違いの生まれる原因を、よく根の深い歴史的・文化的要因のせいにしたくなりがちだが、たいがいの場合、本当の根源は評判面における圧力なのである。

そうした圧力が高まる過程では、政治指導者が重要な役割を果たしていることが多い。何ごとかが事実であるだとか、国民はある決まった行動方針に従うべきだなどと指導者が主張した場合、世間から反対を受けるのが怖いからというだけで、異論を唱えようとしたがらない者が市民のなかに出てきてもおかしくはない。この場合も他と同様に、社会にとって重大な損失という結果を招くことがある。そしてここでもまた、市民的自由の強固な体制をもつことと、同調しない少数集団のために安全な領域をつくるよう強く要求することが、個人の権利を守る取り組みとしてだけでなく、社会が大間違いを犯さないようにする安全措置としても、正当なものだということができる。市場システムの方が、どんな立案者がなしうるよりも情報の収集および拡散をうまくやれるのである。[51]同じように、表現の自由や反対意見のある体制であれば、民間にせよ政府にせよ、立案者が誤った自信をもったり錯誤に陥らざるをえなくなったりするのを防いでくれる。

カスケードが全般的に良いとか悪いとか言ったところで、ほとんど意味はないだろう。ときにはカスケード効果が、重大でありながら以前は見向きもされていなかった問題に対する関心を生み出すことによって、集団内や世間一般における不活発な状態を打破することもある。ときにはカスケード効果によって、カスケードが起きなかった場合よりも人びとがはるかに困ることになったり、個々人の判断や公共政策、法律に大規模な歪みが生じたりすることもあるだろう。奴隷制廃止運動にはいかにもカスケードのような特徴があったし、アメリカ合衆国内の環境保護運動や共産主義体制の崩壊、南アフリカでの反アパルトヘイト運動や二〇一七年から二〇一八年にかけての #MeToo 運動もまた同様であった。だが毛沢東による文化大革命やドイツにおけるナチスの台頭もまたそうだったのである。この節において重要な点として論じたのは、事実に関する情報が手持ちにわずかしかないからこそ、カスケードはその性格上、かなり移ろいやすいものである。人びとが参加するときに拠りどころとする情報が手持ちにわずかしかないからこそ、カスケードはその性格上、かなり移ろいやすいものである。この節において重要な点として論じたのは、誤った判断が社会でのカスケードによって広がっていくという重大な危険性があるということである。

限定合理性によるカスケード

ここまでの議論では、人はおおむね合理的であると想定されていた――つまり、他の人間による発言や行動によってもたらされる情報を人は合理的に考慮し、十分に分別をはたらかせてわが身の評判を大切にする、という想定である。おもな例外といえるのは、先に示したように、人はカスケードのことを別個に下された数多の判断だと勘違いすることがある、という点ぐらいだ。だが、人間の

「合理性は限定されている」ものだということもよく知られている。ほとんどの領域において、人はヒューリスティックもしくは思考のショートカットを用いており、それと分かるようなバイアスもみられる。[52] むしろ、ほかの人間に追従すること自体がヒューリスティックの一つだと見なすことができるのであり、普段はそれでうまくいくのだが、場合によっては不発に終わることもある。また、これ以外のヒューリスティックやあらゆるバイアスについても、それぞれに対応したカスケードが起こりうる。

たとえば、公共政策や法律においておそらく一番よく知られるようになった、利用可能性ヒューリスティックを取り上げてみよう。[53] 利用可能性ヒューリスティックを用いるという場合、人は何か確率に関する難しい問題に対して、頭に例がたやすく浮かぶかどうか問うことで答えを出す。洪水や大地震、飛行機の墜落や交通渋滞、テロ攻撃、はたまた原子力発電所での事故災害はどれくらい起こりやすいものなのか。統計的な情報が足りなければ、人は実例を思い浮かべようとする。統計的な情報をもたない者にとって——つまりはたいがいの人にとって——利用可能性ヒューリスティックを用いることは、非合理的とは言いがたいのである。問題なのは、このヒューリスティックによって、確率の小さな危険性を過度に恐れ、確率の大きな方を蔑ろにするというかたちで、重大な事実誤認を起こすことがある点である。そして現に調査結果をみても実際の行動をみても、利用可能性ヒューリスティックが広く使われていることが分かる。自然災害の保険に加入するかどうかは、近ごろに体験した内容によって大きく左右される。[54] 直近に洪水が発生していないと、氾濫原に住んでいる人びとが保険に加入する確率は、はるかに低くなる。大地震のあとには地震保険への加入が急増する——だがそれ以降は、鮮明な記憶が薄らいでいくにつれ、徐々に減少していくのである。

さしあたって重要なのは、社会的な接点が希薄な状態では利用可能性ヒューリスティックも機能しないという点である。ある事例・事象が「利用可能であるかないか」は、人との交わりによって決まるものだ。目立った実例は、こうした人との交わりによって、関係するコミュニティ内に広まっていくものであり、それによってこうした実例が多くの、あるいはほとんどの人間にとって利用可能となるのである。ときにはこの過程が極度に局所的になることもある。泳ぐ人はサメの襲来を気にかけるべきなのか。移民による犯罪は多いのか。銃規制によって人命は救えるのか。若い女性は拉致されやすいのか。アメリカ合衆国ではこれらすべての問題に関して「利用可能性カスケード」[55]が見受けられ、目立った実例は人から人へと急速に広まっていった。アメリカ合衆国以外でも、利用可能性カスケードは同じくらいありふれたものになっており、たとえば二十世紀に入ってからの数十年間で、ロシアやドイツも、フランスやイタリア、それにメキシコも、それぞれの国内で数多くの利用可能性カスケードを経験している。

ここで注意しておきたいのは、この過程には一般的に情報が絡んでくるという点だ。最近あった暴行事件を引き合いに出して、十ブロック北では犯罪の危険性が重大であると説明しようとしたり、最近の飛行機事故をもとに飛行機での移動は危険であると述べようとする人たちがいると、その人たちの発言は一定の権威を帯び、ほかの人間は彼らの言っていることは正しいと考えるようになる。このようにして、サメの襲来や移民による凶悪犯罪、若い女性の拉致の場合には、世間の関心を引くようないくつかの事例をメディアが広め、それによって何百万もの人びとにすばやく伝わる情報を提供したようだ。だが、評判にかかわる力も同じように作用する。人はたいがいの場合、ある事例が事実誤認を招くものであり、したがって相手の抱いている危惧は杞憂にすぎないとは言い出しにくい。わざわざ誤りを正そうとすれば、無思慮だとか無神経などと捉えられかねず、世間の誹りを免れたいという気持ちから、一種の口封じが行なわれることもあるのだ。

利用可能性カスケードは、いたるところに現われる。記憶に新しい事例は、人との交わりと相まって、自然災害用の保険を購入する決断を促す一因となる。放置状態にある有害廃棄物投棄場に対する不安が（環境への危険度は比較的軽微であるのに）世間一般に広く存在することも、カスケードの効果によるものだと説明がつく。利用可能性カスケードによって世間一般の危惧に拍車がかかったのは、サメの襲来や移民、若い女性の拉致だけでなく、農薬のアラールや飛行機墜落事故、学校での銃乱射事件に対してもであった。このような効果に後押しされて、ヨーロッパでは「狂牛病」との関連で牛肉生産が大崩壊を起こしたし、また二〇一〇年代の欧米でエボラ熱に対する不安が噴出したことの理由もこれが一因だといえる。スウェーデンやアメリカ合衆国などで #MeToo 運動がこの効果によって加速したことは間違いない。

私が言いたいのは、これらすべて、もしくはほとんどの事例において利用可能性カスケードが過剰な反応や不相応な反応を引き起こしたということではない。むしろそうしたカスケードは、重大でありながら蔑ろにされてきた問題に世間の注目が向くようになるという、ありがたい効果を発揮することもときとしてあるほどだ。私が言わんとしているのは、世間一般の反応の激しさについては、利用可能性ヒューリスティックとこれまで重点的に論じてきたカスケード効果との相互作用をみれば一番よく理解することができるということだけである。問題は、こうした相互作用によっていくらかの錯誤が生じるのが避けられないという点なのだが、これはたんにヒューリスティックが、だいたいの場合には有用であったとしても、不発に終わる場合も多いことによる。ここでも他の場合と同様、反対意見は是正を促す要素として重要である。組織や政府にとって、異論を出すことにかかる負担をいかに減らすか、あるいはもっと言うならば、異論を出すことに対していかに報賞を与えるのかが懸案となるのであり、同調しない人間が自分自身ではなく自分以外の人びとにとって有益な存在となる場合には、ことさらそうなのだといえる。

第三章　集団極性化

ここまで、情報や評判の影響によって同調やカスケードがどのようにして生まれるのかを検討してきた。また、これら両方が生まれる可能性を増減しうる要因についても確認した。人びとのなかに感情的な結びつきがない場合、社会的影響の度合いは減少する。人びとが関係する他者と反対の立場をみずからはっきりさせる場合――「われわれ」が「彼ら」に反対するとすれば――、同調効果は大いに減少しうる。「反発的低評価」のために、まったく同調が起こらないかもしれない。事実に関する確信が高いほど同調は減りうるし、より多くの情報をもつ人びとが一定数いることが知られるなら、カスケードは避けうる。

これらの点をふまえて、今度は集団極性化の現象に目を向けることにしよう。それは、利益集団や民間企業、宗教団体、政党、陪審団、立法府、〔裁判官の〕合議体、そして諸国の行動についてさえ大きな教訓を含む現象である。

基本的現象

討議している集団内で何が起こるのか。集団では歩み寄りが起こるのか。個々の構成員がもっている傾向の真ん中に向かうのか。答えはいまや明らかである。それはおそらく直観で思いつくものとは異なる。議論する集団の構成員は通常、みずからが議論する前にもっていた傾向に沿うかたちで、より極端な考え方に至るのである。[1] これは集団極性化として知られる現象である。集団極性化とは、議論している集団にはよくある行動パターンであり、これまでアメリカ合衆国やドイツ、フランスを含む十二カ国以上の国々が関わる何百もの研究で明らかにされてきた。[2] 私が本書を始めるに当たって取りあげた三つの研究――討議する一般市民や陪審員、裁判官などに関わるもの――には、それぞれ集団極性化が含まれていた。

そこから次のようなことが言える。移入民は深刻な問題だと考える集団は議論後、移入民はひどく深刻な問題だと考えるようになるだろう。医療保険改革法〔通称オバマケア〕を嫌う人びとは議論後、医療保険改革法は実にひどいものだと考えるようになるだろう。現在進行中の戦争動員に賛成する人びとは議論の結果、その動員によりもっと熱狂的になるだろう。国の指導者たちを嫌う人びとはお互いに議論した後、指導者たちを非常に激しく嫌うことだろう。また、アメリカ合衆国〔政府〕を非難し、その意向を疑わしく思う人びとがお互いに意見を交わしたとすれば、非難や疑念を強めることになるだろう。

実際、フランスの市民のあいだでは後者の現象が生じた具体的な証拠がある。(3) 同じ考えをもつ人びとが話し合うと、通常話し合う前に考えていたことよりも極端な考えに至るのである。反抗や暴動にさえ傾きがちな孤立した集団が、集団内部の議論の結果としてその方向に急激に向かう可能性があるということは容易に分かるはずだ。政治的過激主義はたいてい集団極性化の産物なのである。(4)

集団極性化とカスケード効果のあいだには密接な関係がある。両方とも、情報や評判の影響の産物である。重要な相違は、集団極性化は議論の効果によるものとされるが、カスケードは議論を伴う必要はまったくないということである。(5) さらに、集団極性化はカスケードのような過程を必ずしも伴わない。極性化は単純に、すべてかほとんどの個人が同時に集団の構成員の傾向に沿うようにより極端な地点に向かう決定を行う結果として生じうる。

アメリカ合衆国では、集団極性化がバラク・オバマとドナルド・トランプの両者が大統領の地位に就くのを助けた。オバマ支持者とトランプ支持者たちは、たいてい支持者同士で話し合うことで、その候補者に熱心に傾倒するようになった。フェイスブックやツイッター上では集団極性化が毎日、毎時、毎分生じているのが見られる。同じ考えをもった孤立した人びとがネット上に増殖すると、集団極性化は避けられない。スポーツファンは集団極性化の餌食となる。なんらかの新製品を開発するかどうかを決める会社も同様である。

法的な場面における集団極性化の作用を確かめるために、序章で言及した懲罰的な意向や懲罰的な損害賠償の研究をより詳細に検討することにしよう。(6) 細かな点は少々専門的になる。ここでそれについて話すのは、たいてい公私両方の行動の源泉である怒りの力学についてなにかしら教えてくれるからだ。この研究には、陪審員資格のあるおよそ三百人が関わっている。その主たる目的は、個人が他人の懲罰的な意向を見たり討議したりすることでどう影響を受けるのかを確認することである。それゆえ、被験者は討議する前にゼロから八の基準で「処罰の判定」を記録するように求められる。この場合、ゼロは被告人がまったく処罰を受けるべきではないということを意味し、八は被告人がこれ以上にない過酷な処罰を受けるべきだということを指す。各人の判断が記録されたあと、陪審員は六人のグループに分けられ、全会一致の「処罰の評決」に至るまで討議するように求められる。陪審団の評決は、陪審員たちの処罰の判定の中央値になると予想するのは理にかなったことだろうが、予想は見事に外れるだろう。

予想とは違い、重い処罰をくだす陪審団が討議の効果によって過酷な方へ、軽い処罰をくだす陪審団が寛大な方へ向かうということが生じた。(7) 各陪審員の平均的な判定が八点の基準で四以上である場合、陪審団の評決は平均的な判定を上回った。たとえば、構造に欠陥のあるヨットで溺死しかけた男性に関する事例を考えてみよう。陪審員たちは、不備のあるヨットについて考えると怒りを覚えがちであり、集団としてはその平均的な構成員よりも怒りの度合いが上回ったのである。

しかし、各陪審員の平均的な判定が四を下回る場合、陪審団の評決は通常平均的な判定を下回った。たとえば、エスカレーターが急に止まったことで転倒してケガをした店員に関する事例を考えてみよう。各陪審員はそれを重大な不正行為の事案というよりは純粋な事故と見なし、その事件に深く悩むことなく、陪審団は各陪審員よりも寛大となった。これは、集団極性化が働いている明らかな事例である。構成員が事前に重い処罰を科そうとする傾向がある集団は、より重い処罰を科そうとする傾向になった。その構成員が軽い処罰に向かう傾向がある場合は、反対の効果が見られたのである。

怒り

処罰の判定の構成要素を考慮すれば、この研究結果は法廷の内外の人びとの行動にとって多大な示唆を与える。処罰の判定は怒りに根ざしており、[8] 指定された数値で測られるある集団の怒りは、同一集団の同じ基準で測られる処罰の判定を予測する優れた目安である。[9] 明らかに初めから怒りの度合いが強い人びとは、集団での議論の結果としてもっと怒るようになる。さらに、変動の程度は事前の怒りの度合いに依存する。つまり、当初の怒りの度合いが高ければ高いほど、内部の議論の結果として生じる変動は大きくなる。[10] ここには、陪審員や暴徒、政府による過酷な処罰の源だけでなく、反乱や暴動の源に関するポイントがある。同じ考えをもった人びとが怒りやすい傾向がある場合、お互いに協議すれば、重大な変化が予想されうるのである。アメリカ独立革命はこのようにして可能になったのであり、同じことはアパルトヘイトや共産主義に対する反抗にも当てはまる。

集団極性化が内輪もめや国内の民族紛争、戦争で生じるのを目にしやすいのは当然である。内輪もめに典型的に見られる特徴の一つは、いがみ合う集団の構成員は同じ構成員だけで話す傾向があり、自分たちの怒りを刺激し増幅させ、問題となっている事件に関するみずからの印象を強めることである。集団極性化は、イスラエル国内やパレスチナ自治政府内で日々生じている。多くの社会運動は、良いものも悪いものも、怒りを高める効果を通じて可能になる。たとえば、聾の人びとの権利運動を考えてみよう。それは、聾者が周囲からいくらか孤立しているという事実によって大いに高められるのである。[11]社会において孤立した少数集団は、良い場合も悪い場合もあるが、集団極性化の温床である。

集団における隠されたプロフィールと自己沈黙

極端な動きに向かう傾向は、集団極性化に関する研究のなかでもっとも注目すべき発見である。しかし、ここでの議論にとってとくに重要なのはもう一つの点である。すなわち、討議している集団のなかで少数派にある人びとがしばしばみずから沈黙したり、そうでなくとも、相応の影響力をもたなかったりするという点である。その結果、「隠されたプロフィール」――集団内で共有されない重要情報――が生じうる。[12]集団の構成員がしばしば情報をもっていながら話さないと、結果としてより質の低い決定がなされることになる。

対面とオンライン双方の作業グループ内で生じる深刻な間違いに関する研究を検討してみよう。[13]研究の目的は、集団が人事の決定をどう共同で行なうかを調べることである。〔まず〕マーケティング部長のポストに応募してきた三人の候補者の履歴書が、集団の前に置かれた。候補者の属性は実験者によって操作され、ある候補者が明らかにその職に最善であるようにされていた。〔次に〕資料集が被験者に与えられるが、それぞれ履歴書にある情報の一部が含まれ、各集団の構成員は関連情報の一部だけをもつようにした。集団は三名で構成され、対面の場合もオンラインの場合もあった。

とくに驚くべき二つの結果が出た。第一に、集団極性化はどちらの場合にも生じた。集団は各構成員が当初考えていたことに合わせてより極端な見解に至った。第二に、討議している集団のほとんどが通常であれば分かるはずの正しい選択をしなかった。なぜなら、集団が客観的な決定ができる方法で情報を共有できなかったからである。構成員は採用されようとしている候補者については肯定的な情報を、不採用の候補者については否定的な情報を共有し、一方で採用者の否定的な情報や不採用者の肯定的な情報は隠す傾向があった。彼らの態度表明は、「議論を複雑なものにし煽るというよりも、集団の合意に向けた動きを強める」ことに役立った。(14)

この発見は、集団では共有された情報は取り上げられ、ほとんどの構成員が保有しない情報は無視される傾向があるという、もっと一般的に言われていることと合致するものである。この傾向が重大な間違いを招きうると〔改めて〕強調することは不必要なはずである。この点を理解するためには、集団極性化が生まれるメカニズムを検討する必要がある。

なぜ極性化するのか?

なぜ同じ考えをもった人びとは極端に向かうのか。これには、情報、確証〔裏付ける証拠〕、社会的比較に関わる三つの答え方がある。(15)

もっとも重要な答え方は、情報の影響に関わるもので、これまで同調やカスケードに関して見てきたことに似通ったものである。この点で単純な考え方は、人びとは他人によってなされた議論に反応するというものである。そして、もともとある方向に傾いた集団では、「蓄積された主張」がその方向に偏るのは避けられないだろう。[16] イスラエルは中東紛争の真の加害者だと考える傾向のある構成員のいる集団では、その趣旨に合った多くの議論に耳が傾けられ、それに比べて反対意見はほとんど聞かれないだろう。その集団の構成員は、討論から生じる主張のすべてではなく一部を聞くのはほとんど避けられない。言われたことすべてを聞けば、さらに反イスラエルの側に向かう可能性が高い。移入民に反対する傾向のある構成員がいる集団でも同様である。つまり、集団の構成員は移入民に反対する多くの主張に耳を傾け、それに比べて移入民に賛成する主張を聞くのは少なくなる。

人の話を聞いているとしても、人びとは議論の結果として、最初にもっていたのと同じ方向に確信をより強めることになるだろう。「蓄積された主張」には限度があるという点を強調することで、「隠されたプロフィール」の問題や、集団討論の最中には共有された情報の話が多くなることを説明しやすくなる。単純な統計的事実として、一つの情報をもっている人が多いほど、それに触れられる確率は上がる。[17] 隠されたプロフィールは、予想できる結果として、最終的な決定を損ねるものである。

第二の答え方は、自信と確証、および極端な傾向の三者の関係を指摘したものである。この点は直観的に分かりやすい。[18] 自信のない人や何を考えたらいいか分からない人は、自分の意見を穏やかなものにする傾向がある。まさにそれゆえに、すべきことが分からない慎重な人は、当該の極端な傾向の中間を選ぶ可能性が高い。しかし、他の人びとが自分の意見を共有し主義主張を確証してくれるように思われるならば、人は自分が正しいとより自信をもつようになり、より極端な傾向に向かう可能性が高い。一から十の基準で気候変動が起こる可能性は七だと考えていても、自分の集団のほとんどの人が気候変動は起こりつつあることに同意するとすれば、九まで上げるかもしれない。

多種多様な実験のなかで、人の意見は〔ほかの人に〕確証されただけで、あるいは他人が共有した見解を知ったあとでより自信をもつことで、より極端になることが示されてきた。[19] この説明は、同じ党派の三人の裁判官の合議体が二人だけが同じ党派の合議体とはまったく異なる行動をとる傾向があるという前述の発見と明らかに関係があることに留意してほしい。他の二人からの一致した確証がある場合、自信を強め、よって極端な傾向を強めることになるだろう。[20]

第三の答え方は、社会的比較に関わるもので、人は集団の他の構成員に好意的に見られたいし自分のことを好意的に見たいものだという主張から出発する。[21] 自身の見解は多かれ少なかれ、自分をどう見せたいかに関する一つの機能なのかもしれない。人は他人が信じていることをいったん聞けば、自身の考え方を優勢な考え方に合わせ、これまでの自分の見られ方を崩さないようにする。たとえば、とくにある起業家集団のなかで貶される特徴である臆病さや慎重さは自分にはないと伝えたいかもしれない。よって、集団の他の構成員に比べてそう見えないように、みずからの考え方を繕おうとするだろう。そして、ほかの人が考えていることを聞いて、彼らが集団との関係で望んでいたものと自身がやや違った考え方をもつことに気づけば、人はそれに合わせて考え方を変えるだろう。

たとえば、たいがいの人ほど移入民にそれほど反対ではない人でも、移入民に強く反対する人の集団に自分がいると分かるとすぐに、自分がそう見せたいと思うイメージを崩さないために考え方を変えることがありうる。そういった現象は多くの状況で生じるようだ。たとえば、アファーマティブ・アクションやフェミニズムや国防の増強に対してあまりに熱心であったり、あるいは自分の熱狂をあまりに抑えているように見えないようにしたかったりするかもしれない。したがって、ほかの人が考えていることを知ると、自分の意見を変えるかもしれない。結果として、集団の考え方はどちらか極端に動かされ、各構成員も考え方を変える気にさせられる。集団極性化のこの説明には、非常に多くの証拠がある。[22]

社会的比較を重視することで、隠されたプロフィールの存在や集団内のある情報の共有の失敗に関して、ことによるとより上手に説明し直すことができることに留意しよう。人びとはただ単純に集団で拒絶されることへの恐怖や全体の同意を得たいという願望から、共有された意見や情報を強調したり、珍しい見方や新しい証拠を軽視したりしうる。[23] それは政治や法制度では不幸な事態を予測させる。つまり、お互いの是認を気にしたり、物質的にせよ非物質的にせよお互いの利益に依存したりしている集団の構成員は、きわめて有意義な情報を隠してしまうことだろう。それゆえ、この集団極性化の説明は、不注意な間違いが非常に起こりやすい評判に関わるカスケードの考え方と関連している。

歪められた討論

陪審団による懲罰的な損害賠償裁定の場面で得られる別の所見は、強調に値するものである。これまでしてきた関連する研究の議論は、懲罰的な意向に決められた範囲の数値で評価をつけ、討論がそうした意向に対していかに影響を及ぼすかに力点を置いてきた。ただ陪審員は、討論の前に自分で決めた金銭額を記録し、その後評決における額が確定するまで議論するようにも求められた。集団極性化の考えから予測されるように、高い賠償額はさらに上がり、低い賠償額はさらに下がっただろうか。

まったくそんなことはなかった。主な効果は、陪審団による賠償額が通常は各陪審員の賠償額の中央値を上回るという点で、ほとんどすべての賠償額を引き上げるというものだった。[24] 実際、その効果は非常に顕著で、二七パーセントの事例で陪審団の評決は討論前に陪審員個人が出した最高額の判断と同じかそれよりも高かったのである。[25]

さらに肝心な点がある。賠償額を上げる点で討論の効果がもっとも顕著だったのは、高額の賠償の事例だった。たとえば、欠陥のあるヨットに関わる事件で、各人の判断の中央値は四十五万ドルだったが、同じ事件での陪審団の判断の中央値は百万ドルだった。ただ、低額の賠償でも、賠償金は同様に上がった。

なぜこのようなことが起こったのか。集団極性化とも矛盾しないかぎりでありうる説明は、懲罰に前向きな賠償額の中央値が討論前に処罰する傾向を示唆し、討論がその傾向を強め賠償額を上げたというものである。しかし、それが正しいとしても、この説明は十分に明らかではないように見える。特筆すべき事実は、より高い賠償に向かって議論している人びとは、より低い賠償に向かって議論している人びとに対して自動的に弁論上優位な立場にあるように見えるということである。ロースクールの院生を対象とした次の研究は、この主張を支持するものである。その研究は、社会規範が存在する場合、人びとが理論上は企業に対してより懲罰的な賠償を弁護するのは容易で、軽い賠償を弁護するのはより難しいと思うことを示唆している。[26] 基本的なデータによれば、たとえ自分が論争になっているる事実についてまったく知らないとしても、より過酷な処罰に賛成する論拠を思いつくこと——たとえば抑止効果の強いメッセージを送ったりコミュニティの怒りを反映させたりすること——は容易だと思う傾向がある。そして、より軽い賠償に賛成する論拠を思いつくことが難しいと思う傾向がある。しかるべき社会規範が存在する場合はいつでも、ある特定の側に有利な論拠を生み出すのは比較的容易でありうる。それはつまり、議論している集団が自然とそちらの方向に向かう傾向があるということである。

弁論上の優位性は、一見縁のない分野でも発見されてきた。医者が患者を蘇生させるのにどういったステップを踏むべきかを決定しようとしていると想定してみよう。個人は集団よりも大胆な処置を支持する可能性が低いか。証拠が示しているのは、個人として医者は集団ほどそうしない傾向があるということである。おそらくそれは、そのような処置に賛成する人びとが賛成しない人びとに対して弁論上優位な立場にあるからである。[27] その根底にある力学は興味深く、ここでは彼らがいかに働くかに関する推測が成り立つ。医者個人は、ある種の損益計算をして、すべてを考慮すれば大胆な処置は素晴らしい考えではないと進んで言おうとする。しかし、彼らが集団のなかにいる場合、医者個人が損得計算をすることをやや恥ずかしく感じ始め、患者を救おうとする方向に傾く。規範がその種の傾きを促すのである。

あるいは、社会科学者が利己心と利他心を研究するのに用いる「独裁者ゲーム」での個人の行為と集団の行為の相違について考えてみよう。[28] このゲームでは、被験者は合計金額、たとえば十ドルを、自分か見知らぬ人に分配できると告げられる。標準的な経済学的予測からすれば、ほとんどの被験者はほとんどかすべてのお金を自分のために取っておく。なぜ見知らぬ誰かとお金を分け合うべきなどということがあるだろうか。しかし、標準的な予測は外れる。ほんどの人は、おおよそ六ドルから八ドルは取っておき、残りは分け合うことを選ぶ。[29] そのことは十分に興味深いが、ここでの問題は、集団のなかに置かれたならば、個人の行動はいかなる影響を受けるのかということである。

集団の構成員はさらにもっと均等な分配を選ぶ、というのがその答えである。[30] この結果は、集団内で利己的であることで恩恵を受ける立場にあっても利己的行動を嫌うという、弁論上の優位性を参考にすることで、もっともよく説明しうるように思われる。人びとが集団の同僚の前で強欲であるように見られたくないのは明らかである。もちろん、この結果および集団の影響の効果は、独裁者ゲームの集団が気前の良さの恩恵を受けている人びとに対して敵対的になる理由がなにかしらあるならば、変わったものになるだろう。われわれは独裁者ゲームの変更版を容易に想像できる。たとえば、比較的貧しく多くの困難を抱える宗教団体の人びとが、敵対するもっと裕福な別の宗教団体にいくら分配するかを決定しようとしている場合である。この例では、弁論上の優位性がより利己的である方を選ばせるだろう。

弁論上の優位性を生むものは何か。もっとも簡単な答えとしては、もちろん時代や場所によって異なるが、有力な社会規範が挙げられる。ほとんどのアメリカ人のあいだでは現行の規範のもとで条件が同じであれば、とんでもない不正行為をした企業に対して処罰を重くすることに賛成する議論をする方が容易である。しかし、弁論上の優位性が別の仕方で作用するような小コミュニティ（企業の経営陣）を想像することは可能だろう。いずれにせよ、どちらかが自動的に弁論上の優位な立場に立つような他の多くの状況を想像することは容易である。

たとえば、ありうる事例として、薬物犯罪で有罪となった人物に対してより重い罰則が存在すべきかどうか、自分の国でより多くの難民を受け入れるべきかどうか、税率は軽減されるべきかどうかに関する議論を考えてみよう。現代の政治論議では、重い罰則と軽い税率に賛成する人びとが優位に立つ。もちろん、実現可能な変化の度合いには限界がある。しかし、弁論上の優位性が関わる場合、集団の討論は個々人の判断に重要な変化を生むだろう。立法府の行動がこの種のメカニズムに影響を受けることは明らかであり、陪審団内で生じる多くの変化は同様の観点からおそらく説明しうる。

弁論上の優位性は、役に立たなかったり害をもたらしたりするだろうか。理論上この問いに答えるのは不可能である。なぜなら、変動はその実際の内容によって評価されなければならないからだ。討論に従って懲罰的な賠償額がより高くなるのはより良いことかもしれない。より大胆な処置をする医者や均等に資金を分配する方法を決める集団の行動も、おそらく同様である。唯一肝心なことは、そのような優位性が存在するということであり、それらがつねに害のないものであるとすれば、本当に驚くべきことだろう。

極端な行為を強くするものと弱くするもの

集団極性化は、社会的に不変なものではない。それは集団の構成員がもつ何らかの特徴や状況によって増減しうるし、除去されることもありうる。

第一に、過激派はとくに極性化しがちである。彼らが〔考え方を〕変えることは十分にありえるが、おそらくさらに〔極端に〕変えるだろう。彼らは極端な地点から出発して同じ考えをもつ集団のなかに置かれた場合、初めの方向にことさら向かう傾向がある。(31) ここには、テロリズムや政治的暴力一般の発生源に関する教訓がある。そして、自信と極端な行為には関連があるため、個々の構成員の自信も重要な役割を果たす。つまり、自信のある人間はより影響力があると同時に極性化しがちなのである。(32)

第二に、集団の構成員がアイデンティティを共有し連帯が強いと考える場合、強い極性化が生じるだろう。(33) その理由の一つは、人びとがある要因（たとえば政治や宗教に関する信念）で結びついていると感じる場合、反対意見は抑えられるだろうからである。個々の構成員がお互いを友好的で仲の良い似たもの同士だと認識する傾向がある場合、変動の規模や可能性が大きくなるだろう。(34) 感情的な結びつきが存在すれば、多様な議論の数が減り、選択に及ぼす社会的影響が強まる。先にも述べたが、一つ言えることは、集団の構成員が特定の任務に専念するのではなく主に感情的なつながりで結びついている場合、間違いは増える可能性があるということである。その場合、選択肢となる見解が現れる可能性が少なくなる。それゆえ、表立って推奨される方向性が、非友好的で気に入らない集団の構成員によって後押しされようとしている場合、人びとが〔考え方を〕変える可能性は少なくなる。(35)「集団への帰属」意識が集団極性化に影響する。同様に、物理的な間隔が極性化を減少させる傾向がある。[36]逆に、共通の運命や集団間の類似の意識は、敵対する「外集団（アウトグループ）」の登場で、極性化を増加させる傾向がある。[37]

ある興味深い実験で、集団としての自己認識の効果を調査することが試みられた。[38]被験者の何人かに集団の構成員であることを際立たせるような指示を与え（「集団イマージョン」条件）、一方で他の被験者には与えなかった（「個人」条件）。たとえば、集団イマージョン条件の被験者は、自分たちの集団は心理学の一年生だけで構成されており、個人というよりも集団の構成員として実験される予定であると話された。問題となる主題には、アファーマティブ・アクションや劇場への政府の補助金、国有産業の民営化、原子力発電所の段階的廃止が含まれる。

結果は驚くべきものだった。極性化がどの条件でも広範に生じたのである。しかし、個人条件では極性化がもっとも弱かった。逆に、集団イマージョン条件では集団への帰属が強調されると、さらに極性化が強まった。この実験が強く示唆するのは、集団の構成員であることが際立たせられると極性化はきわめて起こりやすく、このうえなく極端になりうるということである。あらゆる種類の政治活動家たちは多くの場合その事実に気づいており、多くの企業家も同様である。

第三に、時間が経つにつれて、構成員が物事の進んでいる方向を拒否して集団を去る「脱退」によって、集団極性化は強められうる。[39]脱退が広がると、極端な傾向はひどくなるだろう。集団はさらに小さくなるが、その構成員はより同じ考え方をもつと同時に極端な措置を取ることにより前向きになるだろう。まさにこの事実が意味するのは、内部の議論がさらに極端な行為を生むということである。体制のもっとも強い支持者が唯一集団に残る人びとである場合、その中間にいる構成員はより極端になり、討論はますます極端な動きをもたらすだろう。

第四に、集団の一人以上の人が事実の問題について正しい答えを知っている場合、集団は正しい方向に移動する傾向がある。[40] 一九四〇年の世界人口はどれだけか、二〇〇四年にオリンピックはどこで開催されたか、ベルリンとパリの距離はどれだけか、ということが問われ、一人か少数の人が正しい答えを知っている場合、集団は極性化せず、その答えは一致する傾向がある。理由は単純である。答えを知っている人が自信と権威をもって話し、まさにそれが理由で説得力がありうるためである。もちろん、これは必然的なものではない。ソロモン・アッシュの同調実験が示しているのは、社会的圧力が単純な事実の主張に関してさえ間違いを導きうるということである。しかし多くの場合、事実を知らない集団の構成員は自信がなく、知っている構成員は自信をもって話すだろう。このことは、極性化よりも真実への一致を保証するのに十分である。ここには、極性化を妨げるものとカスケードを回避するものとの関連性がある。つまり、それは真実を知っている、また知っていると知られている人〔の存在〕である。

この点で、個人に対し集団が優位性をもちうることを示す実験結果を理解するのはより容易になる。[41] 一連の実験には、二つの分析作業が含まれていた。一つは確率の問題に関連し、被験者が箱に入っている青玉と赤玉の組み合わせを推測するように求めるものだった（この実験はチームの決定に関わるものでカスケード効果の実験ではなかった）。もう一つは金融政策の問題に関わり、参加者に利率を操作して経済運営を行なうように求めるものだった。

人びとは集団において個人として作業を行なうように求められた。二つの実験結果は基本的に似たものだった。集団が個人より著しく優れた成果を出した（そして結局、集団は個人よりも決断をするのに時間がかからなかった）。おそらく何よりも驚くべきことは、全員一致を必要条件とした集団の決定と多数決でなされた集団の決定にまったく違いがなかったということである。

これらの結果はどのように説明できるか。実験を行なった人たちはすべてを説明してはいない。可能性としてあるのは、各集団のなかに一人以上の有力な分析者がいて、彼らが集団を正しい方向に動かすことができたということだ。しかし、もっとも良い成果を出した個々の参加者を比べて回帰曲線を作ってみても、この仮説は不十分にしか裏付けられない。[42] これらの実験では、集団の結果は最善の論点や議論によって導かれ、それらが個々の多様な参加者のあいだに広がったのだろうと思われる。ここには、集団が個人よりずっとよりよくなしえるという広く受け入れられた主義主張の証拠が見出せる。

第五に、非極性化が見られるのは、当該集団が両極端から等しく選び出された個人から構成される場合である。[43] たとえば、もともと慎重さを好む五人がもともと危険を冒すことを好む五人と一緒にされる場合、集団の判断は中間地点の方へ向かいうるのである。相反する極端な側にもともと傾倒する二つの（それぞれ三人からなる）小グループを含むように、特別に設けられた六人の構成員からなる集団の実験について考えてみよう。その場合、討論の効果は中央値への動きを生み出すことだった。[44] 一つの理由は、両方向の情報と説得的な論拠の存在かもしれない。[45]

興味深いことに、相反する小グループが等しく存在する研究では、明確な事実問題（たとえば一九〇〇年のアメリカ合衆国の人口）では非極性化がもっとも強く、かなりよく知られた公共問題（たとえば死刑は正当化されるかどうか）では非極性化がもっとも弱いことが明らかにされた。個人的な趣味の問題（たとえばバスケットボールと野球どちらが好きかや、部屋をどの色に塗るか）は、非極性化が中程度だった。[46] それゆえ、「よく知られている、長く論じられてきた論点は簡単に非極性化されることはない」。[47] そのような論点に関して、人びとが〔考え方を〕変える可能性が少なくなるのは、「蓄積された主張全体がすべての人に長いあいだ知られてきたから」でもあるだろうし、[48] 新しいことが議論から生まれることがないだろうからでもある。

これらの研究結果は、別の点も示唆している。つまり、集団の構成員は最初に強い確信をもっている場合、〔考え方を〕完全に変えることはないだろう。ブレグジットを好む人たちの集団を、ブレグジットを嫌う人たちの集団と一緒にしても、彼らは最初とまったく同じ地点にいただろう。

この点で、集団極性化がいかに弱められうるかを確かめるために設計された実験を考えてみよう。[49] その実験では四人からなる諸集団を作り、彼らは事前検査に基づいて政治的問題（公共の場での喫煙は禁じられるべきか、性差別は過去の問題か、大人向けの作品の検閲は自由を害するか）の二つの立場について同数の構成員が含まれていると知らされた。判断はプラス四（強い賛成）からゼロ（中立）、マイナス四（強い反対）までの基準で記録された。

半数の事例（「未振り分け条件」）では、被験者は集団が事前検査で同数に分類された小グループから構成されているとは説明されなかった。別の半数の事例（「振り分け条件」）では、被験者は集団が同人数で分割された小グループから構成され、著しい対立を抱えていることに気づくだろうと言われた。

彼らは誰がどの集団にいるのかを知らされるとともに、一つの小グループが片側に集まってもう一方の小グループと向き合うようにテーブルを囲んで座るべきだとも言われた。未振り分け条件では、議論がたいてい二つの側の平均的な隔たりを劇的に減少させることで、二つの対立する考え方の中間地点に意見を収斂させた（プラス四からマイナス四までの基準で、平均三・四〇）。

しかし、振り分け条件では事情がまったく異なった。この場合、中間地点への変動はそれほど顕著ではなかった。変動がほぼまったくないことが頻繁にあったのである（平均一・六八点）。要するに、集団の帰属意識に注目させることで、異なる集団の人びとが動かそうとする方向に人びとが変動する可能性はきわめて少なくなったのである。

集団の影響に関する（同調、カスケード、極性化に関する）本書の議論は、これですべてである。本書では、社会科学における多くの研究結果を強調してきたが、同時にそれらがいかに法や政治の問題に関係するのかを感じ取れるように試みてきた。応用可能なものが実に多くあり、それらからどういった組み合わせを選ぶかは恣意的にならざるをえないことは、はっきりさせておかなければならない。次の議論では、集団の影響を理解することが法的問題の解明に役立つ四つの領域に力点を置くことにする。

第一は、法の表出機能——法が表明されるだけで人びとの行動に影響を与える状況——に関わる。私は、法的問題、ミルグラムの実験、アッシュの全員一致のサクラのあいだにある関連を描く。第二は、多様な少数意見を表明することに対する建国時の熱狂に基づくアメリカ合衆国憲法の諸制度に関わる。私は、アメリカ合衆国憲法が独特な討議民主主義——異質性を重んじる討議民主主義——を創造するものであることを示唆する。

第三の領域は、連邦裁判所という、反対意見が必ずしも利益になると考えられていない場での反対意見の価値に関わる。裁判官は集団極性化と同時に同調やカスケード効果の影響を受けるため、連邦裁判官のなかにイデオロギー上の多様性を促すことはきわめて重要である。第四の、最後の領域は高等教育におけるアファーマティブ・アクションに関わる。認知における多様性に大部分は焦点を当てることで、私は両義的な教訓を提示する。つまり、人種の多様性は一部の分野では（有意味な）考え方の交換にとって重要ではないが、そのほかの分野、ときとして大学とロースクールの教育双方では重要でありうることを提起する。

第四章　法と制度

これまで、多くの人が法の表出機能に関心をもってきた。それは法の「表明する」役割であり、違反を実際に処罰することで行動を直接規制するのとは対照的である。[1] 本章では、三つの提案をする。第一に、法の制定を、良い行動や他の人が良い行動と考えるものに関するシグナルを与えるものと見なす場合、法の表出上の機能はよりよく理解できる。第二に、違法行為がはっきりと目に見える場合、法の表出が効果的になる可能性はもっとも高い。目に見えることが重要なのは、人は他人の怒りを買いたくはないからである。第三に、違法者が法に従わないことで報賞を与えられるか少なくとも罰せられることのない、そのような逸脱した小コミュニティに属する場合、法の表出は効果的になる可能性がもっとも低い。そのような場合、小コミュニティ内の行動は法の効力を打ち消しうるのである。

これらの点はそれぞれ、同調やカスケード、集団極性化の理解と密接に関連したものでありうる。それゆえ、われわれはその理解を用いることで、政府が公に強制することなく従わせうる場合を――また執行が不可欠になる可能性が高い場合も――知ることができるのである。

シグナルとしての法

法の執行は頻繁でなくとも、自動的あるいはなかば自動的に遵守されている場合がある。[2] 法が表出する機能をもつ、すなわち表明されるだけで効果をもつように見えるというのは、この意味においてである。そのような効果が生じるのは、法が情報と評判の両面でシグナルを与えるからである。分別のある人びとによって法が制定され、一定の行動が禁じられるならば、その行動は禁じられて当然だと想定するには十分な理由となる。また、法が一定の行動を禁じれば、ほかの人たちはその行動が禁じられて当然だと考えているのだと想定する理由としては十分である。どちらの場合も、分別のある人にとって法が求めていることをする明白な理由がある。

もちろん、その想定には反論がありうる。情報をもつ人びとは、法が人びとに無分別なことをするように、あるいは分別のあることをしないように求めていると分かっているかもしれない。また、彼らはたいがいの人、あるいはその法令の対象になるほとんどの人が実際に法を拒絶すると分かっているかもしれない。しかし、こういった事例が通例というより例外だとすれば、たとえ誰も強制しなくても法が行動を引き起こす理由はよりよく理解できるだろう。

たとえば、公共の場における禁煙に関する実証研究について考えてみよう。[3] それから教えられるもっとも単純なことは、人びとはたとえ強制されたことがほとんどなくても禁煙に従うということである。その研究で確認されたのは、カリフォルニア州の三つの都市——バークレー、リッチモンド、オークランド――の当局が違反の申し立てをほとんど受けなかったということである。バークレーの保健所の責任者は、一回も公式の出頭命令を出す必要はないと考え、起訴された事案は一件もなかった。リッチモンドのレストランでは、遵守はほぼ一〇〇パーセントだった。それに対して、工場では遵守が七五から八五パーセントにとどまった。遵守の割合はオークランドでも非常に高かった。例外は、「店主のほぼ全員が喫煙者であるアジア系コミュニティの一部のレストラン」だった。(4) 高い割合の遵守は工場や高校、ファーストフード店でも確認された。マサチューセッツ州のケンブリッジや〔カナダ中南部〕マニトバ州のウィニペグで実施された別の研究でも、同じように公共の場での禁煙はほとんど完全に自己執行的なものであることが確認された。(5)

こうした証拠から言えるのは、法の公表はソロモン・アッシュの全員一致のサクラと同じ効果を持ちうるということである。公共の場での喫煙を法が禁じるとき、それを公表することは、すべてを考慮したうえで公共の場での喫煙が誤りだという趣旨の情報を伝えることになる。同じく重要なことは、ほとんどの人は公共の場での喫煙は誤りだと信じていると法が示唆していることである。ほとんどの人が公共の場での喫煙は誤りだと考えているとすれば、喫煙したい者は非難されたり叱責されたりしたくないこともあって、以前より喫煙しなくなる。重要なことに、喫煙したい者は彼らを叱責する人びとの側に法があることも分かっている。彼らは喫煙者の周囲にいるのを嫌う人びととただ面と向き合うだけではない。彼らと面と向き合う人びとは、喫煙者は法に違反していると言うことができるだろう。

こうして法が執行されなくても有効である場合、その有力な理由となるのは私的な執行の可能性である。違反者がかなり目立ち、私的な執行者の怒りを買う危険があるとすれば、遵守が広く行なわれるようになる可能性が高い。「無免許運転や未成年飲酒、麻薬使用や税法違反といった違法行為に比べて、公共の場での禁煙というルールの違反は……ほとんどどこにでも大勢いる自己中心的で個人として取り締まりに非常に強い動機をもつ人たち――タバコの煙にさらされるのに抵抗感のある非喫煙者――にとって、比較的目につきやすい」[6]。法は制裁を科さなくてもかなり大きな権威を持つ場合もあるため、スタンリー・ミルグラムの実験者と同等のものでさえあるかもしれない。実験者の権威が知識や経験による理解から生じているかぎりで、法はほとんどそれに相当するものとなる。

基礎的な法を規範管理の行使、しかもきわめて安価なそれと見なすことができるかもしれない。安価であるという意味は、遵守させるのに税金を財源にする必要がおそらくないということである。そして最善の場合、法が表出機能をもつことでカスケードを開始したり回避したり促進したりすることさえできるだろう。遵守が一度開始され、そうするものだとして広く(とくにファッションリーダーから)認められるなら、情報や評判の影響に刺激を受けて遵守カスケードが起こりうる。セクシャルハラスメントや喫煙の場合、法が流行の波に乗り、それを(決して十分と言えるほどではないにせよ)非常に広く拡大してきたように思われる[7]。

ここで重要な点は、法は一般市民に先行したが、先行しすぎなかったということである。仮に法が一般市民に先行していないとすれば、何物も付け加えることはないだろうし、その意味でまったく効果をもたない。だが、仮に法が一般市民のあまりに先を行っているとすれば、強制的な執行行為を伴わなければ効果的ではありえないだろう。そして、一般市民のあまりに先にある法はまさにその理由で、強制的に執行されうる可能性は低い。つまり、一般市民が処罰を支持しない場合、検察官や陪審員が人びとを罰する可能性は低い。法は既存の社会における価値観の先を行くが、それに依っていると主張できるほどには近い場合にもっとも効果的でありうるのである。

ここまでは、違反予備軍という視点に立ったものに力点を置いてきた。しかし、法は私的な執行者にも影響を与える。法的に禁止されていない場合、公共の場での喫煙に反対する人びとは、たとえタバコの煙にイライラしたり気分が悪くなったりしたとしても、不平を言うことには及び腰になるのはありそうなことである。その同じ人が、自分たちが正しく、自分たちの信念は一般に共有されたものであると暗示する法律の制定の支えがあれば、行動を起こす可能性がある。法が自分たちに味方するなら、偏狭な規範を持ち出してくるうるさいお節介だと見られる可能性は低くなる。彼らは一種の違反行為を指摘することができるのである。速度超過や飲酒運転、セクシャルハラスメントや公衆の面前での喫煙を不満に思う人びとは、法が彼らの求める行動を要求する場合、自分たちの不満は正当なものだと考える可能性はさらに高くなる。同じく重要なのは、彼らが自分たちの不満は正当だはほかの人びとも考えるだろうと思う可能性が高くなることである。それが彼らを勇気づけるのだ。

さて、これですべてが説明されるわけではもちろんない。人びとのあいだで法が高度な道徳的権威をもち、大勢の人が共有しながら法令になっていない見解を大きく上回る、という場合もある。この場合、法の権威はアッシュの全員一致のサクラの事例をはるかに超えて、あるいはおそらくミルグラムの実験者の事例も超えて、広範に及ぶだろう。しかしながら、これまで強調してきた情報や評判に関わる要因と組み合わせてそれを調べてみなければ、法の道徳的権威を十分に評価することはできない。

規範管理の前提条件

規範管理が大がかりな執行なしに機能するのはいつだろうか。いつ失敗するだろうか。まずは、法を遵守するかどうかを検討している合理的な人間の場合について考えてみよう。関連する検討事項は、（a）執行の可能性、（b）執行する場合の処罰の程度、（c）違反の評判上の代償、（d）違反の評判上の利益、（e）遵守することの固有の利益（おそらく禁煙は健康上得をする）、（f）遵守することの固有の代償（おそらく喫煙することがとても気分が良いか禁煙することがとても気分が悪い）、である。制御された変数を調整することで、政府はより強い遵守を達成できるかもしれない。さしあたりの目的のため、私は（c）と（d）を重視する。ここまでは喫煙の事例を参照してきたが、多くの事例を用いることができる。たとえば、飲酒運転やスマホをいじりながらの運転、年齢による差別、不法な薬物の使用、窃盗である。

法の公表が効果的であるかどうかを知るうえで重要な点は、私的な執行の性格や程度に関わる。アッシュの実験では、人びとの回答が匿名で教えられ、正確に答えることへの金銭的な動機付けも与えられる場合、不正解率はきわめて低くなることを思い出してほしい。これらの結果が言わんとしているのは、表面的には社会文脈上のわずかな変化が、同調する圧力を打ち消すということである。この点で、目に見えることと強制のない遵守には経験上密接な関連性があることを考慮に入れよう。障碍のある人のために確保された駐車スペースに車をとめたり、公衆の面前で喫煙をしたりするのは目に見えやすく、どちらの場合も私的な執行が生じうる。障碍のない人が障碍のある人のために確保された駐車スペースに車をとめる場合、ドライバーたちはそれをあまり好ましくは思わない。逆に、税法違反や性的暴行は見えづらく、よって違反者は違反を犯すときに公然と非難される危険についてそれほど心配する必要はないのである。

遵守が生じるかどうかを知るには、遵守や非遵守によって送られるシグナルを特定することが重要である。ただ法を制定することで、人びとの行動に伴うシグナルを変更することができる。たとえば、法が制定されることで、以前なら臆病であったり非難がましいと受け取られたり、そうでなくても社会的に損をするようなシグナルを与えた行為者の行動が、名誉あるものに見えるようになる。たとえば、シートベルトを締めたいけれども自分が臆病だというシグナルを送りたくはないティーンエイジャーの少年について考えてみよう。シートベルトを締めることを義務づける法は、シートベルトを締めるという決断を一般的な恐怖というよりも法の遵守の表れとして行なうことを可能にする。飲酒運転やスマホをいじりながらの運転を禁じる法は、同様な理由で効果的だろう。

要するに、ただ法が存在することで、遵守する人びとは法の遵守者にすぎないということを示し、遵守の「意味」が変えられるのである。同様に、新たな状況下で法に違反する人びとはもはや勇気のある者ではなく、（法律上）犯罪者となる。この変動が実際に違反率を増大させる状況を想像することはできる。なかには反抗したいという人びともおり、違法になれば彼らにはよりいっそうよいのだ。しかし、ほとんどのコミュニティではたいていの場合、法の制定——法の表出——は、望ましい方向に行動を変化させる傾向がある。ここでは、人びとは社会規範について知っていればそれを遵守する傾向があるという行動科学上の研究結果を考慮に入れよう。その所見は、税法遵守の増大や不法薬物の使用の減少、医者による過剰な麻薬性鎮痛薬《オピオイド》の処方の減少を奨励することにさえ応用されてきた。(8)

同時に、法の表出上の機能は違反への私的な支持があれば縮小されたり無効にされたりすることもありうる。「人びとは有罪となる行動の妥当性を是認し続ける「逸脱したサブカルチャー」の社会的支持が得られるなら、処罰の危険を考慮したうえでも、主要な規範や法に公然と反抗するだろう」(9)。そのような場合、違反しそうな人びとはおおよそミルグラム実験の被験者同士が助け合う状況にある。すなわち、主義主張や自己利益に基づく強い理由があれば、遵守しないのである。自分が喫煙者か麻薬使用者で、喫煙者や麻薬使用者に囲まれているとすれば、たとえ法がそうすることを禁じているとしても喫煙したり麻薬を利用したりし続けるだろう。また、法が無意味なものと認識されるなら、違反に対する私的な支持がアッシュ実験の理性の声と同じように作用しうる。

したがって、法の違反が賞賛されたり広く名声を上げたりすることで事実上報賞を得られる「逸脱したサブカルチャー」を見出すことは可能である。また、法を遵守する人びとが冷やかされたり追放されたり、暴力さえ受けることで激しく批判されうるサブカルチャーを見出すことも可能である。麻薬の使用はもっとも分かりやすい例だ。暴力団は、そうすることが仲間内で当然だとされたり報われたりするという、ただそれだけの理由で法を犯すことがある。まれにしか執行されない法であれば、そのようなコミュニティ内ではきわめて非効果的だろう。なぜなら、私的な執行は存在せず、それどころか私的な影響力が遵守に反対するように強く働くからだ。非遵守のカスケードを想像することさえ可能である。そのようなカスケードは情報を伴うものでありうる。反抗する「ファッションリーダー」をおそらく含む、他の有力な人びとの違反を目の当たりにするからだ。それが評判も伴いうるのは、人びとが当のコミュニティでは違反行為によって他人の信用を失うことなく信用を得ることがありうるということを知っているためである。

この点で、障碍のある人びとのための駐車スペースへの駐車や公共の場での喫煙の法律上の禁止が遵守されることはきわめて多いのに、特定の性的行動や（ある分野での）内国歳入法に関する法律上の禁止が遵守されることがはるかに少ないのはなぜなのかを理解することは容易である。また、市民的不服従の現象を理解することも可能である。市民的不服従に参画する人びとが最小必要人数に達しうる場合、対象となる法令（それは人種隔離を求めるものかもしれない）は、なされるべきことの根拠としても（理にかなった）人びとがなされるべきだと考えることの根拠としても、その権威を失う。法の権威は、法に従わない人びとの権威によって打ち負かされる。この場合、同調圧力やカスケード効果や集団極性化が不服従に非常に有利な影響を及ぼすのである。

政府は、違反行為が目につかないところで広がっている厄介な状況にどう対処しうるのか。考えられる一つの処方箋は、自発的な遵守率が高いことを（それが事実であるとすれば）人びとに知らせることだろう。なぜなら、人びとは他人がしていることをすることを好むため、ほとんどの人が法に従い有害な行動を避けていることを思い出せることで、大きな効果を引き出すことができるからだ。実際、納税者はほとんどの人が自発的に納税していると考えれば税法を遵守する可能性がきわめて高く、非遵守が広がっていると考えればそうする可能性がきわめて低いという証拠がある。(10) 同様な事例は、大学のキャンパスでも得られる。「どんちゃん騒ぎ」を好む学生は、飲み騒いでいる人の数が実際より多いと思っている傾向がある。実数が分かると、彼らは自分たちの行動を続ける可能性が低くなる。(11)これらの事例から言えるのは、集団の影響と他人の行動で伝わる情報を理解することは、不法かそうでなくても自分や他人に危険な行動を減らす取り組みの一つに入れられるということである。

さて、制度設計の問題に話を変えよう。ここまで見てきたように、同調やカスケード、集団極性化の可能性や結果は、どういった制度を選択するのかに大きく左右される。とりわけ人びとが正しい個人決定よりも正しい集団決定から報償を得られるとすれば、己の情報を明かす可能性がきわめて高いということを思い出そう。

まずは、異論と戦争の関係について簡単に言及しながら、同調や反対意見の抑圧は軍備を弱体化させうることを示す。また、合衆国憲法の諸制度を検討し、建国父祖たちの理論上の最大の功績は多様性と統治における多様な見解の「不和」の強調にあったことを示す。〔さらに〕現代的論点に戻って、連邦裁判官に対する集団的影響の役割と、高等教育におけるアファーマティブ・アクションの正当化理由としての「多様性」をめぐる論争について論じることにする。

異論と戦争

ここまで、社会的影響を理解することで、内部告発者や異論を唱える人びとの社会的役割の評価が上がるのを見てきた。その多くは、自己利益を犠牲にすると同時に公共の利益となる。ここでおそらくもっとも重要な点は、民主的諸制度のなかの多様性や異論の役割に関わる。第二次世界大戦中のルーズベルト政権の高官、ルーサー・ギューリックの説明について考えてみよう。連合国側の勝利から間もない一九四八年、ギューリックは「第二次世界大戦の行政上の反省点」という平凡なタイトルの連続講義を行ない、官僚制と行政改革に関する所見をやや詳細に提示した。(12)ギューリックは簡潔なエピローグで、民主主義諸国の戦争遂行能力と、敵対するファシズム諸国のそれとの比較を試みている。

ギューリックはまず、ドイツや日本の指導者間でのアメリカに対する当初の評価は「芳しくない」ものだったと指摘している。(13)彼らによれば、アメリカ合衆国は「自衛においてすら迅速で有効な国家活動を行なえないのは、［同国は］民主主義のもとで複数の言語集団からなる社会によって分断され、資本主義のもとで競合する私的利益によって行き詰まっているからだ(14)」。合衆国は戦争ができないのだと敵国は語り、自分たちが語ったことを信じていた。そこで独裁国家は実質的に優れているように見えたのはたしかである。そうした国家は遅延や惰性、激しい国内対立を免れている。ほとんど教育や知識もない一般大衆の意見を考慮しなくてもよい。独裁国家は、一人の指導者と統一された階級制を当てにすることができたため、国民の統合を発展させ熱狂を生み出し、予期しないことを統制しながら力強く迅速に行動することはより容易である。しかし、全体主義体制の優位に関するこれらの見解は「いんちきの」ものであることが明らかになった。(15)

合衆国とその同盟諸国は、日独伊よりもはるかによい成果をあげた。ギューリックはこれらの優位が民主主義それ自体、とりわけ「民主主義だけが可能にするような見直しや批判」と直接関連があるとした。[16]「全体主義体制では、計画は偏りのある情報をもった少数の人間によって秘密裏に企てられ、独裁者の権威によって実行される」[17]。そのような計画は致命的な弱点を内包する可能性が高い。逆に、民主国家は広範な批判や議論を可能にすることで、「数々の災難」を避けられる。

全体主義体制のもとでは、批判や提案は望まれもしないし傾聴されることもない。「指導者でさえ自分たちのプロパガンダを信じ込む傾向がある。権威や情報の流れはすべてトップダウンである」ため、変化が必要な場合、司令部はその必要性が分からない。民主国家では、「いったん計画が実行されたなら、公衆とメディアは失敗の最初の証拠が出れば所見を述べ、批判するのを躊躇することはいっさいない」[18]。民主国家では、政府内――最下級と最上級の地位のあいだ――で、および世論を通じて情報が流れる。もちろん戦時には反対意見は弱められ、すでに論じた理由で、こうした沈黙が良いことも悪いこともある。すべての人が大筋で合意している場合、士気は強まるかもしれない。しかし、意見の不一致が縮小されるならば、有益な――戦争の性質や範囲、正義や知恵に関わる――考え方がなくなってしまうおそれがある。

憂鬱と驚きを交えてギューリックが指摘しているのは、合衆国とその同盟諸国は日独伊よりもはるかに大きな団結を示したわけではないということである。「世界の全人類がもつ集団に特有な社会的衝動は、一見したところまったく同じであり、人間が現実にせよ想像上にせよ同じような脅威にさらされると、集団的忠誠という同一の反応を生じさせる」[19]。ドイツや日本の指導者による大衆の士気のトップダウン型の管理は、実際に機能はしていた。独裁国家が戦争でそれほど成功しないのは、独裁国家の方が忠誠心が弱く大衆に信用されないからではなく、民主的過程から生まれる抑制や修正を指導者たちが受けないためである。

ここでギューリックは、異議申し立てが頻繁に行なわれ、人びとが弾圧されることなく情報が自由に流れている場合、制度がいかによりよく機能するかを主張しているのである。もちろん、ギューリックは特定の事件に関して自身の個人的な評価を提示しているのであって、戦勝が民主的制度の産物かどうかはわれわれには実際には分からない。たとえば、ソビエト連邦はスターリンの暴政下でも勇敢に首尾よく戦った。しかし、ギューリックの全般的な主題は多くの真理を含んでいる。制度は、指導者を批判的な目にさらす仕組みを内包し、一連の行為が部外者からの絶えざる監視や審査にさらされることを保障する場合——要するに多様性や異論を用いて、社会的影響から生じる誤りの危険を減らす場合——、成功する可能性がきわめて高いのである。

憲法の仕組み

これらの点は、アメリカ合衆国憲法の設計に非常に大きく関係している。それは討議民主主義、すなわち人民に対する説明責任を一定の熟慮や理由づけと結びつける仕組みである。ここ数十年、討議民主主義という高い志については多くの人びとが論じてきた。その目的は、適切に機能する制度は選挙による〔有権者への〕応答性だけでなく、公共圏における理由の交換をも保障する試みであることを示すことにあった。理由づけを強調することは、民主主義の純粋にポピュリズム的な説明、つまりは彼らのしたいことを正当化する理由がなんであれ多数派が支配すべきだと暗に示すような説明に対する非難だと見なすことができる。討議民主主義の擁護者は、同調やカスケードや集団極性化の危険を非常に強く感じている。彼らは自治と同時に自由を保障したいと考えているのである。

討議民主主義においては、公権力の行使は社会の一部の意志やそれどころか多数者の意志だけで正当化されるものではなく、理由によって正当化されなければならない。合衆国憲法の反対者も擁護者も、双方が政治的討論に熱心に加わったのである。彼らはみずからを高い度合いの自治に取り組む「共和主義者」と見なしてもいた。しかし、討議民主主義の国家はさまざまなかたちで生まれうる。その起草者たちの最大の革新は、当時は反対者のいなかった討議を彼らが信頼したことではなく、同質性を恐れて多様性に強い関心を抱き、多様性を調整し構造化する努力をしたことにある。建国期、国民の議論の大部分は、異種混在する市民からなる国家において討議民主主義——共和政——を維持することが実現可能かどうかに向けられたのである。

憲法案の反対者であるアンチフェデラリストたちは、これは不可能だと思っていた。そこでブルータス——アンチフェデラリストの見解のとくに理路整然とした擁護者——が次のように主張したとき、古典的な伝統を擁護していたのである。「共和国では、人民の作法や感情や利害は同質であるべきである。そうでなければ、意見の衝突が絶えず起こることになる。そして、一方の議員が他方の議員と張り合い続けることになるだろう[20]」。

合衆国憲法の擁護者たちは、ブルータスは憲法をまったく逆に理解していると考えた。彼らは多様性と「意見の絶えざる衝突」を喜んで受け入れ、「一方の議員が他方の議員と張り合い続けることになる」状況を積極的に探し求めた。アレクザンダー・ハミルトンは、この点をもっとも明確に述べた。いわく、「統治〔立法部〕内部における意見の相違や党派の不協和は、……しばしば慎重な審議をもたらし、多数派の行きすぎを抑制するのに役立つ(21)」。政治上の討論の観点から見ると、決定的な問題は、他者から孤立した同じ考えをもつ人びとが、蓄積された主張に限界があり局所的な影響を受けるという理由だけで極端な傾向に向かう場合、間違いが広がり、社会の分断が生じる可能性が高いということである。「党派の衝突」や「意見の相違」を保障するような憲法は、不当な見解に傾くことに対する防御壁を提供するだろう。合衆国憲法の起草者たちは、集団極性化とカスケードの効果について、革命期以前も最中も以後も観察していたがゆえに、直観的に理解していたのである。

似たような論点は、憲法をめぐる初期のもっとも啓発的な論争の一つから生まれた。それは権利の章典〔合衆国憲法修正第一〜十条〕のなかに、議員に「指図する権利」を含めるべきかどうかという問題を提起した論争である。個々の州の市民は投票行動についておのれの議員を強制する権限をもつべきだという主張によって、その権利は擁護された。こうした擁護は、議員の政治的な説明責任を改善する一つの手段としてもっとももらしいように見えるかもしれない。実際、その時は多くの人びとにとってそのように見えた。しかし、この見方はとりわけ政治的利益が地理と密接につながっている時代には問題がある。そのような時代には、個々の州の市民はお互いの意見に影響されて、おそらくはカスケード作用や集団極性化を引き起こすような〔他州からの〕孤立の結果として、弁論の余地のない立場をとるに至る可能性が高いのである。ロジャー・シャーマンは、指図する権利を拒絶したとき、その決定的な論拠を提起した。

人民は立法府の議論を支配する権利をもっているという考えが流布することで、彼らを誤った方向に導こうと話が作られている。これは正しいとは認められない。なぜなら、その会合の目的を破壊することになるだろうからだ。思うに、人民が議員を選んだ場合、その議員は連邦のさまざまな場所からやって来る他の議員と会い、審議し、コミュニティ全体の一般的利益のためになるような決議について彼らと同意する義務がある。もし彼らが〔人民の〕命令によって指図されなければならないとすれば、討議しても意味がないだろう。[22]

シャーマンの言葉は、かなりの多様性があり、大小の論点について不一致のある人びとのあいだで討議することを、建国父祖たち全員が快く受け入れていたことを反映している。実際、「コミュニティ全体の一般的利益のためになるような決議」が生まれるのは、そのような人びとのあいだで行なわれる討議を通じてなのだ。

もっとも重要なことは、合衆国憲法の諸制度は同調やカスケード効果、集団極性化に対する懸念を反映したものだということである。その危険性と戦うため、憲法はそうした過程から生まれる思慮に欠けた判断に対して広範に抑制するものを作り出した。一つの分かりやすい例は、二院制であり、それは一方の院——起草者から見てもっとも可能性があるのは下院——が短期的な情念や集団極性化によってさえ支配されるような状況に対する防御壁として設計された。これは、立法府内の「党派の不協和」を肯定する際にハミルトンが指摘した点である。ジェイムズ・ウィルソン〔アメリカ合衆国憲法の起草者の一人〕は、法に関する素晴らしい講演で、まさにこうした観点から両院制について語った。すなわち、「人民が情念の惨めな犠牲となって、歯止めなく彼らの政府に影響を及ぼす事例」を挙げながら、「単一の立法府」は「専制や不正義や無慈悲の突発的な激しい発作」に陥りやすいと見なしたのである。(23)

確かに、カスケードは上院と下院を隔てる境界を越えて生じうる。そして、そのような横断は実際に起こる。しかし、両院の構成や文化の違いは、無軌道なカスケードに対する大きな防御壁となる。この場合、上院がとくに重要であると考えられた。フランスから帰国後すぐ、トマス・ジェファソンがジョージ・ワシントンに朝食の席で第二院に賛成する理由を求めたという、広く知られたエピソードを考えてみよう。ワシントンは「あなたはコーヒーを受け皿に注ぐのはなぜですか」と尋ねた。するとジェファソンは「それを冷ますためです」と答えた。「同じように、われわれは立法を冷ますために上院という受け皿に注ぐのですよ」とワシントンは語った。(24)

抑制と均衡のシステムの多くの側面は、基本的には同じ観点から理解することができる。権力の分立それ自体が、カスケード効果や集団極性化によって政府が恐ろしい方向に導かれる可能性を減じさせる。立法府と行政府が一致して法を制定し施行するようなことがなければ、法によって市民を圧迫することはできないため、圧制に対する強い防御壁があることになる。大統領はある法に賛成し、それを激しく弁護するかもしれないが、立法府はその制定を拒みうる。加えて、制定された法律は署名のために大統領に提出する義務があるため、立法府内のカスケード効果は避けられる。そこで、大統領は自身が反対する立法を拒否する権利を有しているのである。たとえ立法府が抑圧的ないし愚かな法を制定しようとしたとしても、大統領はその執行を拒否しうる。また、議会がそれを制定し大統領が執行したとしても、裁判所がおそらくは違憲判決を出すことで、介入しうる。

連邦制自体が多様性の原動力だったし、今もそうあり続けている。つまり、それは別々の文化をもった多様な主権者がいるという形式をとることで、「回路遮断器」を作り出すのである。連邦制においては、社会的影響が州によっては誤りを生むかもしれず、実際に州はカスケードに陥りうる。しかし、別々の制度が存在することで、誤りの拡散には抑制が働くことになる。恐ろしいことをする州があるかもしれないが、それでもそこの市民は他の州に逃れることが可能である。市民が「脱出する」ことができるという事実それ自体が、抑圧的ないし愚かな立法行為に対する防御壁を提供しうる。離脱する権利は、しばしば同調やカスケードや集団極性化によって生まれる暴政、愚行、圧制に対する防御壁なのである。

司法権自体が、違憲審査制の話をまったく抜きにしても、同じような理解のされかたをしていた。ハミルトンの説明を見てみよう。

しかし、裁判官の独立性が、社会に時おり起こる悪意の効果を妨げるのに欠くことのできない安全弁として役立つというのは、単に憲法違反に関係してだけではない。こうした悪意は、特定の階層の個人的権利が、不当な、一方的な法律によって侵害されるということに及ぶこともある。この場合にもまた、そのような法律の過酷さを緩和し、その施行を限定するという面で、裁判官の断固たる態度がきわめて重要となってくる。裁判官の断固たる態度は、すでに成立した法律の直接的な過ちを緩和するのに役立つのみならず、将来立法部をしてそのような法律を成立させないようにする抑制力としても役に立つ。言い換えるならば、立法部は、不当な意図を実現するにあたって、裁判所がそれに疑惑をいだき、それを妨げることが予想される場合、彼らもよく考えてみると動機そのものが不正だと気づくことによって、その計画をゆるめるのやむなきにいたるわけである。(25)

もちろん、合衆国憲法によって言論の自由が明白に保護され、結社の自由が暗黙裡に保護されていることは、多様性や異論の余地を確保するのに役立つ。そうすることで、社会的影響から生じる間違いの危険はいくらか打ち消されるのである。さしあたっての目的からすると、自由な言論の分析はとくに複雑ではないけれども、表現の自由はある国の市民がその指導者を監視したり説明を求めたりするのを可能にするということは強調しておく価値がある。それは同国の少年少女が、あの皇帝は裸だと言うことも可能にする。表現の自由によって、自分は正しいと確信する情報をもった人びとが己の知っていることを公にする権限を保障されるのである。この場合、拡散する誤りに対する万能薬はないが、多くの予防手段は存在するのである。

アメリカ合衆国憲法修正第一条の起草者であるジェイムズ・マディソンは、公職者に対する特定の批判を処罰する「煽動法」の理念を丸ごと批判するために、この種の考え方を引き合いに出した。マディソンは、「政府を構成する構成員を選ぶ権利は自由で責任ある政府の本質をなす」こと、また「その権利の価値や効力は国民の信頼を得られそうな候補者の優劣の知識に依存する」ことを強く主張したのである。[26] 集団の影響に留意すれば、一つ推測されるのは次のことである。すなわち、民間の機関でも公共の機関でも、それがなければ同じ考えをもつ人びとから構成されてしまう分野のなかに多様な意見を取り入れることに関心をもつのは道理にかなったことである。理由は単純で、誤りの危険を減らすためである。現代の科学技術によって、人びとがエコーチェンバーに身を置くことができてしまうと、彼らは競合する見解から隔離される危険がある。おそらく政府は対応策をとる権限を与えられるべきである。もちろん、そういった政府の側のあらゆる試み自体が修正第一条の問題を生じさせることにはなるだろう。[27]

結社の自由はいくつかの重大な難点を生む。前述のように、集団極性化の理解から言えるのは、結社の自由が重大な危険を生みうるということである。その理由はなにより、同じ考えをもった人びとがお互いに影響し合うという法則によって、不当に極端な傾向に向かうためである。社会は、「反復される極性化ゲーム」の結果として分断されることになるだろう。そのゲームのなかで、同じ考えをもった——お互いにもともと違いはあったがひどく違ってはいなかった——人びとの集団は、構成員をますます〔他集団とは〕別種の見解に導く。いまや多くの国で、そのように繰り返される（ときとしてソーシャル・メディアによって拍車がかけられる）極性化ゲームが確認されているところであり、ガバナンスをより困難なものにしている。当初の小さな見解の相違は、人びとがお互いに影響し合うことできわめて大きな違いに拡大しうるのである。この過程の一つの利点は、社会が貯蓄する「蓄積された主張」の総量を増やすのに役立つことにあるが、それによって集団間の相互不信や誤解、憎悪の可能性も増大する。

同時に結社の自由は、人びとが情報や好みや価値観を公にできないようにする情報や評判の影響を打ち消すのに役立つ。コミュニティの幅広い多様性を可能にし、それによってまったく異なる種類の圧力が加わることで、結社の自由はある時点で重要な情報が公開され最終的に広まる可能性を増やすのである。

この簡単な説明は、次のことを何ら意味しない。すなわち、当初承認された合衆国憲法、あるいはいま理解されているような合衆国憲法が、安定性を含む他の目的と多様性を調和させる理想的な制度や権利を含んでいるということを意味しない。〔たとえば〕比例代表制(28)――人口の分布によるものであれ多数の政党によるものであれ〔集団や政党がその得票数に応じて議席を配分される制度〕――に賛成の論を唱える人もいる。そうした議論は、統治における幅広い考えを保障するという目的に応えるものと理解することができる。〔男性と〕同等に女性の代表を保障するよう真剣に試みてきた国々もある。その主たる根拠は、そのように代表されないとすれば、重要な論点が欠けてしまうということである。この大きな話題については言うべきことが多い。しかし、いまは議論を総括するため、どちらもかなり現代的な関心事である二つのより個別的な論点、すなわち連邦裁判官における多様性と、高等教育におけるアファーマティブ・アクションに注目することにしよう。

裁判官

裁判官は同調効果の影響を受けるのか。彼らにカスケードが発生する可能性は高いのか。同じ考えをもった裁判官は極端な考えに変わるだろうか。予想される反対意見や現在ある反対意見の効果はどうか。これらの問いに答えるため、やや詳しく説明したいと思う。私の願いとしては、この議論が法律家や裁判官に有益であるだけでなく、独立した判断が期待される領域での同調に関心をもつすべての人びとにとっても有益であることである。

この問題の導入として、影響力の大きいコロンビア特別区〔ワシントンD・C〕巡回裁判区の裁判官の行動に関する初期の有力な研究について考えてみよう。(29) その研究によれば、共和党指名の三人の裁判官の合議体は、共和党指名二人と民主党指名一人の裁判官の合議体よりも、産業界の強い要請によって連邦機関（たとえばアメリカ合衆国環境保護庁）の決定を取り消す可能性がきわめて高いことが分かった。一見してそれは妙なことである。結局は、二人の共和党指名の裁判官も多数派をなしているのである。なぜ、二人の共和党指名の裁判官の合議体は三人の共和党指名の裁判官の合議体よりも連邦機関の決定を取り消す可能性がそこまで低いのか。

個人レベルでは、集団の影響が主要な役割を果たすことを同研究は明らかにした。すぐあとでやや詳細に検討するが、ここで明白な証拠があるのは次のことである。すなわち、二人の共和党指名の裁判官と同席した一人の民主党指名の裁判官は、二人の民主党指名の裁判官と同席した一人の共和党指名の裁判官よりも、産業界の強い要請によって連邦機関の訴訟を取り消すことに賛成票を投じる可能性が高いということである。さしあたり、一人しかいない政党の裁判官が説得されたのか、あるいはたんに反対意見を公にしても価値がないと判断したかは重要ではない。どちらの場合も、アッシュ実験で観察されたものとはまったく異なる過程を経て、票決が社会的影響を反映したものになっている。今概略を説明しているのは、「合議体効果《パネル・エフェクト》」と呼ばれているものである。それから言えるのは、イデオロギー上論争がある判決の場合、裁判官の票決が合議体の他の二人の裁判官の大きな影響を受けるということである。

さまざまな期間にわたって行なわれたいくつかの研究が明らかにしたのは、単一の政党から選ばれた三人の裁判官からなる合議体では、より極端な結果に向かう強い傾向があるということである。[30] 要するに、三人の共和党指名の裁判官の合議体は、極端に保守的な投票行動のパターンを示し、三人の民主党指名の裁判官の合議体は、極端にリベラルな投票行動のパターンを示す。それに付随して、初期の研究から得られた調査結果は、産業界が環境規制に異議を申し立てる場合、共和党指名の多数派の行動と民主党指名の多数派の行動のあいだに際立った相違があるというものである。当該期間に共和党指名の多数派は五〇パーセントを上回る確率で連邦機関［の下級審判決］を取り消し、民主党指名の多数派は一五パーセント未満の確率で取り消しを行なった。[31] また、合議体効果に関する意義深い研究結果がある。裁判官の票決は、同じ合議体に同一の政党の大統領から指名された別の裁判官がいるかどうかに多大な影響を受ける。共和党指名の裁判官は、少なくとも一人の共和党指名の同僚が合官は、少なくとも一人の民主党指名の同僚が合議体にいる場合、産業界の異議申し立てを受け入れる可能性がきわめて低い。[32] 一人の民主党指名の裁判官が二人の共和党指名の裁判官と同席する場合、産業界の異議申し立てに賛成する確率は四〇パーセントを上回ることが明らかになったが、民主党指名の裁判官が二人以上の民主党指名の裁判官と一緒になると、産業界の申し立てに賛成する確率は三〇パーセント未満だった。[33]

逆に、一人の共和党指名の裁判官が二人の民主党指名の裁判官と同席すると、産業界の異議申し立てに賛成票を投じた確率は二〇パーセント未満だった。[34] 注目すべきことに、一人の共和党指名の裁判官が二人の民主党指名の裁判官と同席する場合、一人の民主党指名の裁判官が二人の共和党指名の裁判官と同席する場合よりも、産業界の異議申し立てを受け入れる可能性が低いのである。

この研究は数年前に行なわれたものだが、より最近の他の研究でも法の多くの分野で同じ基本的なパターンが確認されている。[35] イデオロギー上の対立が見られる分野では、裁判官を指名した大統領の属する政党が、その裁判官の投票の仕方を非常によく予測させるものであると考えるのは理にかなっている。それは確かである。しかし、裁判官の投票の仕方に関してもっとすぐれた予測変数となるのは、同じ合議体の他の二人の裁判官を指名した大統領の政党である。もっともシンプルな所見は、民主党指名の裁判官が二人の共和党指名の裁判官と一緒になると、型通りの保守派の傾向に賛同する可能性がきわめて高いということである。それには、性差別や人種差別、環境保護など多くのものが含まれる。民主党指名の裁判官が一人の共和党指名の裁判官と一人の民主党指名の裁判官と同席する場合、二人の共和党指名の裁判官と同席する場合よりも、型通りのリベラル派の投票をする可能性が著しく増大する。民主党指名の裁判官が二人の民主党指名の裁判官と同席する場合、型通りのリベラル派の投票をする可能性が急激に上昇する。共和党指名の裁判官は、まさしく同じパターンを逆方向で示すことになる。

これは、社会的影響の力を実際に証明するものである。法の多くの分野で、二人の共和党指名の裁判官と同席する民主党指名の裁判官は共和党指名の裁判官のように投票を行ない、一方で二人の民主党指名の裁判官と同席する共和党指名の裁判官は民主党指名の裁判官のように投票を行なう。民主党指名の裁判官の投票の仕方と共和党指名の裁判官の投票の仕方は、彼らの政党に属する一人ないし二人の裁判官と同席するか、あるいはまったく同席しないかどうかとまさしく相関関係にあるのだ。このため、共和党指名の裁判官か民主党指名の裁判官のどちらかが――少なくともイデオロギー上論争的な法の分野で――投票する傾向というのは、社会的影響と無関係では決してありえない。

集団極性化を証明するものとして、三人の共和党指名の裁判官の合議体は二人の共和党指名の裁判官と一人の民主党指名の裁判官の合議体よりも、産業界が異議を申し立てた場合に環境問題の判決を取り消す可能性がきわめて高い。[36] ある時期（一九九五～二〇〇二年）、全員が共和党の合議体で、共和党指名の裁判官の七一パーセントが産業界の申し立てを受け入れる投票を行なった。[37] 逆に、二対一で共和党が多い合議体で共和党指名の裁判官の四五パーセントがその異議申し立てを受け入れる投票を行ない、二対一で民主党が多い合議体で共和党指名の裁判官の三七・五パーセントが同様な投票を行なった。[38] それ以前の時期（一九八六～一九九四年）には、これに対応する数は、八〇パーセント、四八パーセント、一四パーセントだった。[39]もっと前の時期（一九七〇～一九八二年）では、全員が共和党の合議体で共和党指名の裁判官の一〇〇パーセントが産業界の異議申し立てに賛成した。逆に、二対一で共和党が多い合議体の共和党指名の裁判官で、産業界の異議申し立てに賛成したのは四五パーセントにすぎなかった。また、民主党が多数の合議体の共和党指名の裁判官の二六パーセントだけが、その異議申し立てに賛成したのである。[40]

こうしたデータを集めることで、一九七九年から二〇〇二年のあいだの環境問題の判決において、コロンビア特別区巡回裁判区で行なわれた投票を広く網羅的かつほぼ完全に集計することができる（より最近の控訴裁判所における法の他の分野でのデータは概ね似通ったパターンを示している）。単純計算では、全員が共和党の合議体で共和党指名の裁判官は八〇パーセントの確率で産業界の異議申し立てを認める投票をし、二対一で共和党の多い合議体では共和党指名の裁判官は四八パーセントの確率で産業界の異議申し立てを認める投票をした。また、二対一で民主党の多い合議体で、共和党指名の裁判官は二七・五パーセントの確率でしか産業界の異議申し立てを認める投票をしなかった。そして、この種の社会的影響は共和党指名の裁判官にほとんど限られるということはない。つまり、民主党指名の裁判官にも同様に見られるものである。環境団体が省庁の措置に異議申し立てをする場合、三人が民主党指名の裁判官の合議体は二人が民主党で一人が共和党の裁判官の合議体よりも、異議申し立てを認める可能性が高い。[41]民主党指名の裁判官が環境主義者の異議申し立てに賛成票を投じる可能性は、三人の民主党指名の裁判官がいる合議体でもっとも高く、二人の共和党指名の裁判官がいる合議体でもっとも低い。[42]

	3対0 共和党合議体	2対1 共和党合議体	3対0 民主党合議体	2対1 民主党合議体
省庁の措置支持	33%	62%	71%	86%
省庁の措置取消	67%	38%	29%	14%

第三の研究はより複雑である。(43)〔米国石油大手〕シェブロン対〔環境NGO〕天然資源保護協議会（NRDC）の最高裁判決(44)によれば、裁判所は省庁〔環境保護庁等の連邦機関〕の法解釈を、その解釈が「理にかなっている」かぎり支持しなければならない。しかし、実際は裁判所がそのような解釈をいつ支持するのか。原則としては、裁判官が駆け引きをする余地は認められている。そのため、省庁の措置を無効にする傾向がある裁判所であれば、そうするためのもっともらしい根拠を見つけることができるかもしれない。重要な問題は、彼らがいつもっともらしい根拠を見つけたと主張するのかということである。関連する研究が強く示唆するのは、集団的影響が作用するということであり、民主党指名の裁判官が反対意見を言う可能性が、省庁の措置を無効にする傾向のある共和党指名の裁判官に対する強い抑止力になるということである。

予備知識として、有力なコロンビア特別区巡回裁判区の控訴裁判所のなかで政党が結果に対してきわめて強い影響力を及ぼすことが研究で明らかになっていることに留意すべきである。仮に観察者が、産業界か公益団体かどちらが異議申し立てをしているかを考慮に入れて判決を大雑把に記載すれば、共和党指名の裁判官の多数派は五四パーセントの確率で保守的な判決に至り、一方で民主党指名の裁判官の多数派は三二パーセントの確率でしかその判決に至らないことが分かるだろう。[45]

さしあたり、もっとも重要な所見は、二つ以上の政党の大統領に指名された裁判官のいる政治的に多様な合議体と、一つの政党の大統領によって指名された裁判官だけがいる政治的に統一された合議体のあいだには、劇的な相違があるということである。共和党指名の裁判官が多数派だが全員一致ではない合議体では、大まかに言って政治的理由のために省庁に敵対的であることが予想されうるが、その裁判所でも六二パーセントの確率で省庁に従う。しかし、全員が省庁に敵対的であることが予想されうる共和党指名の裁判官で統一された合議体では、三三パーセントの確率でしか省庁の解釈を支持しない。これがそのようにデータから唯一明らかになったということに留意したい。民主党指名の裁判官が多数派の裁判所では、政治的理由で省庁の決定を支持することが予想されるが、そこでは意見が統一されていても（七一パーセントの確率）、相違があっても（八六パーセントの確率）、七〇パーセント以上の確率で省庁の決定を支持するのである。表にまとめた結果を見てほしい。[46]

一見して奇妙な結果——全員が共和党指名の裁判官の場合に取り消し率が六七パーセントであること——は、集団的影響とりわけ集団極性化を反映したものだと推測することは理にかなっているように思われる。全員が共和党指名の裁判官の集団は、省庁の解釈を退けるというどちらかと言えば異例の措置をとるのは分かるが、その一方で、全員一致ではない合議体では、異例の極端な結果に向かう傾向すべてに対する抑止が備わっているため、通例の手段をとる可能性が高い。ありそうな理由は、一人の民主党指名の裁判官が「内部告発者」の役目を果たすことで、曖昧さの残る法令に対し省庁が行なった解釈を支持する最高裁の決定とぶつかるような判断を、他の裁判官たちがするのを思いとどまらせることである。[47]

おそらく他の要因も関わっている。基本的に同じ傾向をもつ裁判官の合議体からなる裁判所の場合、討議前の中央値の見方は、意見の多様な裁判官の合議体のものと大きく異なるだろう。蓄積された主張も、同様に非常に異なるだろう。たとえば、三人とも共和党指名の裁判官の合議体で、環境保護庁（ＥＰＡ）の訴訟をとりあえず無効にしようとする傾向がある場合――たとえ法が適切に解釈されるなら有効性を支持する場合でも――、無効を支持する多くの主張がなされ、別の方面からの主張はほとんどなされないだろう。合議体にＥＰＡを支持する傾向のある裁判官が一人でも含まれていれば、有効性を支持する主張がされ繰り返される可能性がきわめて高い。実際、その裁判官が民主党指名であるというまさにその事実によって、彼ないし彼女が自分は合議体の他の構成員と同じ「集団的なもの」に属すると考えないとしても、そのようなことを生じさせる可能性が大きくなるのである（人びとが連帯の絆で結びついている場合、不一致が生じる可能性はきわめて低いことを思い出してほしい）。そして、意見の確証が自信をさらに大きくし、よって極端に向かわせるために、三人とも同じ考えをもった裁判官の合議体が、異例の極端な結論に至るのは驚くべきことではない。

この場合、三人の裁判官の合議体において数で劣る一人の裁判官が反対意見を公にしうるという可能性によって、効果は高められる。確かに、最高裁の審査はまれであり、通常の判決でその審査の見通しが控訴裁判所に対して抑止的効果をもたらすことはおそらくあまりない。しかし、多数意見を書く裁判官は通常、反対意見に目を通しそれに答えなければならないということに乗り気ではない。そこで、法が本当に反対意見を支持するとすれば、仮に二人の裁判官が環境保護庁の訴訟を取り消したいとしても、彼らは無難な方向で環境保護庁を追認するよう影響を受ける可能性が高い。証拠がそのことを示している。[48]

上の表を一瞥すると、反対の証拠もいくつか示されていることが分かる。つまり、民主党指名の裁判官が三人の合議体は二人の合議体よりも民主党指名の裁判官が省庁を支持したいと予想される判決で、省庁を支持する可能性が高くないのである。また、環境団体が申し立てを起こす場合、共和党指名の裁判官は、同席しているのが二人の民主党指名の裁判官でも一人ないし二人の共和党指名の裁判官でも、異なる投票をする可能性はない。[49]しかし、多くの重要な分野では、少なくとも同じ考えをもった裁判官が三人いる合議体は、二人いる合議体とは異なる行動を実際にするのである。[50]

この点で、疑い深い人なら、三人の裁判官の合議体の前で弁護士同士がお互いに敵対する弁論をすることに注目するかもしれない。そうして、疑い深い人は「蓄積された主張」の量が弁護士の弁論によって決まる、つまりそれが合議体の構成員の言動の傾向によってだけでは決まらず、それによってほとんど決まるということさえないと主張するかもしれない。その場合、裁判官の傾向を形成するのは明らかに弁護士の力によるところが大きい。しかし、たとえそうだとしても、結果の点で重要なのは、その理由に関係なく裁判官がもつ傾向である。そして、まさにその場合に、一人の意見の異なる人間が存在することが重要でありうるということである。前述の懲罰的な損害賠償の研究では、模擬陪審団に両側から主張が提示されると、他の場合と同様に、極性化がその提示に続いて生じた。この点で注意が必要なのは、極性化の仮説が当てはまるには裁判官がお互いに多くの時間を費やして主張するかどうかを知ることは必要ではないということである。結論を目にするだけで十分なのだ[51]。理由を必要としない単純な投票制度では、裁判官は極性化する傾向があるはずである。もちろん、その理由が十分なものであれば、投票の説得力がとりわけ強まる可能性が高い。

残るは規範の問題を詳しく検討することである。同じ考えをもった裁判官が極端に至る場合、問題があるとされるべきだろうか。一人の異なる政党の裁判官の影響が大きい場合、それは良いことなのか悪いことなのか。より一般的に言えば、連邦裁判所で多様性の確保を試みることに根拠があるのか。合議体で一定の多様性を促進することに理由があるのか。複数の政党の大統領に指名された裁判官たちであっても根本的には異ならないし、いったん裁判官席につけば彼らを任命した大統領の不意をつくことも多いと考えたりする人もいるだろう。その見方にはまったく根拠がないというわけではないが、誤解をまねくおそれがある。彼らを任命した大統領を失望させる裁判官もいるが、利用可能なヒューリスティックによって、これらの事例が典型的だという錯覚に陥るべきではない。共和党の大統領に指名された裁判官は、民主党の大統領に指名された裁判官とはまったく異なる。「党派性は、控訴裁判所が省庁の裁量を審査する仕方に明らかに影響を及ぼすのである」[52]。

しかし、当件に関する立場が明確でなければ、すなわちわれわれが裁判官にこうしてほしいと意識しなければ、根底にある問題点の良し悪しを論じることは難しいように思える。三人の共和党指名の裁判官はとくに刑事上の有罪判決を支持する可能性が高く、三人の民主党指名の裁判官はとくに刑事上の有罪判決を取り消す可能性が高いと仮定してみよう。一見して、どちらかが問題があると思えるのは、われわれがどちらかの結果を支持するかどうかを意識している場合のみである。すでに議論した懲罰的な損害賠償の研究では、討議前の裁定額の中間値があまりに低く、集団の議論によって生じた増額によってより良識ある裁定額が保証されるとわれわれが結論する場合、裁定額が増す方に動くのは嘆くことではなく、祝うべきことかもしれない。そして、裁判官だったらこうすべきだという見方だけが良し悪しの根拠の唯一のものだとすれば、ある特定の党の裁判官を好む人びとはその党の裁判官を求めるはずであり、集団的影響は根本的に的外れだと結論することができるかもしれない。

しかし、その結論は行き過ぎである。判決によっては、実際に法が適切に解釈されることで、どちらかの見方を強く支持することがある。合議体に多様性が存在することで、その事実が明るみに出て、おそらく法が必要とするものの側に合議体の決定が動かされる可能性が高い。政治的に多様な裁判官がおり、潜在的に反対意見が存在することで、法に従う可能性は高まる。上述したシェブロン判決の研究は、この点を強く支持する。別の政党の大統領によって指名された裁判官が存在するというかたちで潜在的に反対意見を唱える人が同席することは、不正確ないし法律に反する決定の可能性を減じる内部告発者を生み出しうるのである。集団的影響の本質を評価することを通じて、古くからある考え方のなかにその知恵を認めることができる。すなわち、決定は異なる政治的嗜好をもつ裁判官によって支持されるとすれば、正しい可能性が高く、軽蔑的な意味で政治的である可能性は低い。

もう一つ肝心な点がある。多くの分野で、民主党か共和党どちらかの大統領が指名した裁判官が正しいかどうか事前には明らかではないと仮定してみよう。本当にどちらが正しいか分からないと仮定してみる。そうだとすれば、審理中にもっと（しかも理にかなった）意見が聞かれる可能性が高まるという単純な理由で、法制度のなかにどちらの裁判官もいるという状況の方が良いとするのはもっともなことである。そして、本当にどちらが正しいか分からないとすれば、それが極端に走らせないという利点があるというだけでも、さまざまな見解が混在している方が良いとする理由にはなる。

ある類比を検討してみよう。現代の法や政策は、連邦取引委員会や証券取引委員会、全国労働関係委員会や連邦通信委員会のような独立行政委員会によってしばしば策定される。多くの場合、そうした機関は司法的判断を通じて職務を果たす。それらは連邦裁判所と同じように機能することになる。そこで、連邦法のもとで議会はこれらの機関が民主党か共和党かどちらかに独占されないよう保障することを試みてきた。法は、一つの政党に属するのがせいぜい機関の構成員のギリギリ過半数だけであることを要請しているのである。

集団的影響の理解は、この必須要件の説明に役立つ。全員が民主党か共和党の独立機関は、より極端な考え方に動きうる。民主党なり共和党なりにおける中間的な考え方よりむしろ極端で、ひょっとすると職員が一人ぼっちの機関よりも極端な考え方に変わる。構成員を両党からとるべしという要件は、この種の動きに対する抑止として作用しうる。どうやらアメリカ連邦議会は、この大部分に共通する要点に気づいていたらしい。当該制度がもつ政策策定の役割によく通じていたため、極端な動きに対する防御壁を備えておくことに注意深くあったのである。

なぜ、われわれは裁判所に似通った防御壁を作ることに失敗したのか。その答えの一部は、独立行政委員会と違って裁判官は政策の立案者ではないという信念にあるにちがいない。彼らの義務は法に従うことであって、政策を立案することではないのだ。両党によって構成されることを保障する試みは、この信念の遵守と首尾一貫しないように見える。しかし、すでに論じた証拠が示しているのは、裁判官は重要な政策の立案者であり、彼らが政治的にどちらに肩入れしているかによってその投票にきわめて大きな影響を及ぼすということである。ここでは、なにか個別の政策提案に応じることを意味していない。しかし原則として、控訴裁判所内で物の見方の混在を保障することを試みるのには十分な理由がある。

もちろん、多様性の理念、すなわち物の見方の混在の理念は、自明なものではほとんどない。憲法の遵守を拒否したり、司法審査の権限の行使を拒絶したり、憲法は政治的な不一致や人種隔離を可能にすると考える人びとを連邦裁判官に含めるべきだと言うことは適切ではないだろう。ここでは、ほかのところと同様、適切な多様性の範囲は限定されたものである。必要なのは理にかなった多様性、すなわち理にかなった物の見方の多様性であって、多様性それ自体ではない。この場合、理にかなった多様性が何を含むのかについて人びとの意見はきっと分かれうる。ここで私が言わんとしているのは、理にかなった多様性というものがあり、裁判官が法廷弁護士の議論を通じてだけでなく、他の誰よりもその多様性に触れることを保障されるのが重要だということだけである。

これらの点は、大いに論争になっている論点に新たな光を当てるものである。すなわち、大統領による連邦裁判所の裁判官の指名に対して「助言と同意」を与える上院の正当な役割についてである。とりわけ、社会的影響の理解から言えるのは、理にかなった物の見方の多様性を保障するために、上院はその憲法上の権限を行使する責任があるということである。合衆国憲法の歴史は、最高裁判所裁判官の任命に関して上院の独立した役割を十分に熟考してきた歴史である。[53] その独立した役割は、将来の裁判官が全般的にどのような対応をとり、どのような投票パターンになりやすいかについて熟考する権限を上院に実際に与えている。大統領が被任命者の全般的な対応の仕方を熟考することは疑いないが、上院にも同様な権限が与えられているのである。良好な状況下では、この同時に生じる権限が健全なかたちで抑制と均衡をもたらし、各部門が他の部門に対抗することを可能にするだろう。実際、そういったシステムが連邦裁判所の方向性に関する社会的討議の要をなす。

この見方が受け入れられないとすればなぜか。憲法や制定法の解釈には唯一正統な分析手法があり、たとえばある種の原意主義《オリジナリズム》や原典主義がそうした唯一の分析手法であって、その見方を受け入れない者はすべて理にかなっていないと論じることはできる。強い信念をもつ人びとにとっては、多様な見解に賛成の議論をしても意味がない。もしわれわれはすでになにがなされるべきかを知っており、競合する見解は争点をぼかすにすぎないものだとすれば、多様性は必要でなく、それどころか無価値とさえ言える（科学論争で、地球は平らであると信じる人びとを含めることは有益ではない）。あるいは、上院の恭しい役割が、自然に生じる政治的競争や循環と相まって、そのうちに思慮深い混合物を生み出すと論じこともできるかもしれない。この可能性は否定しない。ただ、私が言わんとしているのは、連邦裁判所における高い度合いの多様性は望ましいということ、上院には多様性を追求する権限があるということであり、そのような多様性がなければ、裁判所の合議体が不当な傾向に進むのは避けられないということだけである。

高等教育における多様性とアファーマティブ・アクション

無数の教育機関が多様性を目的として追求している。ほとんどのアメリカの大規模な民間・公共の機関は、幅広い考え方や教員、学生を求めている。なかには際立つ例外、つまり高い度合いの均質さを誇りとする機関もある。そこで他の場合と同様、この場合も、多様性の理念をはっきりとさせておく必要がある。大学は、テイラー・スウィフトの関連グッズを収集したり、アメリカを嫌ったり、悪臭を放ったり、また大学進学適性試験（ＳＡＴ）の点数が低かったりする学生を包摂する特殊な取り組みはしていない。そうした機関は、多様性に熱心に取り組んではいるが、それはある程度かつ種類の多様性でしかない。多くの人が言うように、大学はある種類の多様性に過度に注目しているのに、別の種類の多様性には十分に注目していないと文句を言うことは可能である。ただ、ここで私が主張したいのは、大学は認知の仕方に関する多様性に熱心に取り組む傾向があるということにすぎない。

多様性の追求は、少なくとも大学では大きな過ちであると考える人もいる。彼らはただ一つの要素だけが重要であると信じる。すなわち実力である。確かに、実力という概念は多くのさまざまな仕方で定義されうるが、ここで考察している見解によれば、それは主に共通テストの成績や点数を参考に測られる潜在的な学力のことである。厳しい家庭環境で、あるいは障碍をもつことで、貧しい暮らしのなかで育った人びとがいれば、彼らの潜在的な学力を成績や点数で十分に測ることはできないと提起することで、その見方を修正することは可能だろう。十分に公正なことだ。ただし、多くの大学が「実力」という言葉ではとらえられない多様な目的を掲げていることは疑う余地がない。

たとえば、同窓生の子どもを優先することは、純粋に経済的な観点からもっとも容易に擁護される。そうした子ども（同窓生の子弟）を大学が受け入れるとすれば、寄付金が得られる可能性は高いだろう。大学が出身地域による多様性を求めるとすれば、幅広い物の見方が得られるだろう。音楽家や運動選手、あるいは人並外れたセンスや熱意をもった学生を求めるとすれば、興味深い混合が生まれるだろう。さしあたりわれわれは、認知における多様性への取り組み、すなわちさまざまな経験や価値観、物の見方や情報をもっている学生を受け入れることに焦点を合わせることにしよう。

これらの取り組みには多くの理由がある。一つは単純に市場の圧力に関係する。すなわち、さまざまな種類の学生をもつ学校は良い教員と良い学生をひきつけられる可能性が高い。もちろん、人びとの好みや価値観はさまざまで、比較的同質的な場所に行きたいという人もいる。しかし、これは原則というよりは例外のように見える。また、多様性に関する別の正当化理由がある。それは、裁判のなかで相当に注目を集めてきたものであり[54]、ここでの私の主題に密接に関わる正当化理由である。学校にさまざまな見解や物の見方、経験をもつ人がいれば、教育はより良いものになる可能性が高いという考え方である。

原則として、その考え方は人種の問題に焦点を絞る必要はまったくない。ニューヨーク州やカリフォルニア州、オハイオ州、テキサス州、フロリダ州、アイオワ州、ミシシッピ州、アラバマ州出身の学生が大学にいれば、ニューヨーク州出身の学生しかいない場合よりも、認知における多様性は大きくなる可能性が高い。アメリカの大学が認知における多様性を求めるならば、他国――中国やフランス、ドイツ、デンマーク、日本、南アフリカ――の学生をひきつけ受け入れる特別な努力を払うのはもっともなことである。所得配分で両極端にいる学生も、さまざまな物の見方をもっている可能性が高い。場合によっては、一つの階級としての女性は男性よりも優れた志願者である。たとえそのことがえこ贔屓を意味するとしても、大学が十分な割合――たとえば少なくとも四〇パーセント――の男性を受け入れたいと決めるかどうかについては論争の余地がある。そして、もちろん認知における多様性と他の価値観とのあいだにはトレードオフの関係がある。純粋な学力の可能性は一つの選び方だろうし、多様性の追求はもう一つの選び方だろう。

大学が、世間一般には許されないと認められているということを根拠に誰かを差別することなく、認知における多様性を追求しうることを確認するのは重要である。二〇一八年には、アジア系アメリカ人を差別して面談や他の尺度を用いて人数制限を課すエリート校があると訴えられた。多くの人びとの考えからすれば、割当人数を用いることはまったく受け入れられない。それは、数十年前からユダヤ人に課された同様の人数制限と区別しえない。その申し立てが事実に基づくかどうかという問題は脇に置いておこう。大学はアジア系アメリカ人を差別できないと主張する一方で、大学は出身地域による選択や経済的な出自の考慮、また課外活動に力点を置くなどして、さまざまな種類の多様性を追求することができると主張することは可能である。この場合、差別が覆い隠されているか、また実際にある集団の差別と他の集団の優先とのあいだに線引きがあるのかどうかについては、難しい問題がいくつか生じうることは確かである。

本書ではそれらの問題を脇に置いて、人種に基づくアファーマティブ・アクションの問題に焦点を当てることにしよう。これに関連する認知における多様性に賛成する論拠は、バッキー判決でのルイス・パウエル裁判官の決定的な意見[55]において示された。それは、傑出した特質をもち、高等教育におけるアファーマティブ・アクションの合憲性を何十年のあいだで定着させることになった意見である。ここでの目的は、パウエル裁判官の見解を限定付きで擁護することである。教育環境によっては人種の多様性が幅広い経験や考え方を保障するのに重要であり、〔ニーズに合わせて〕厳密に定められたアファーマティブ・アクションのプログラムが憲法上認められるべき環境があると、私は強く主張する。

パウエル裁判官は、全学生の多様性は高等教育にとって憲法上認められる目的であると主張したのである。[56]その主な理由は、大学は「考え方の活発な交換」、すなわち合衆国憲法修正第一条それ自体と結びついた利益を保障することが許されるべきだというものである。[57]パウエル裁判官の認識によれば、この利益がもっとも大きいのは、物の見方が多くの論題に基づいて形成される四年制の学部教育の場においてである。だが、医科大学においてすら、「多様性の貢献は実質的なものである」。[58]人種的な出自を含む特殊な出自をもつ医学生は、「全学生の研修を充実したものにし、理解をしながら人類に不可欠な貢献をする能力を院生たちによりよく身につけさせる、経験や見地や考え方を医科大学にもたらすだろう」[59]。パウエル裁判官も、医者は「異種混在する住民に奉仕する」ものだと強調し、大学院入学試験の合否判定は正規の教育後の貢献に関係するものであると示唆している。[60]

それゆえ、パウエル裁判官は次のように結論した。決定的な問題は、人種を意識した入学試験プログラムが、人種的少数派の集団に属する人びとがそうであるがゆえに人びとに便益を与え多様性という正当な目的を推進する必要な手段になるかどうか、である。ここで彼は有名な結論、すなわち人数割当は認められないけれども、人種的・民族的な出自は入学の合否判定において「プラス」になりうるという結論に達した。[61] パウエル裁判官にとって、正当な入学試験プログラムは、「すべての適切な多様性の要素を志願者の個別の要件に照らして考慮し、またそれらに必ずしも同じ比重を置くわけではないが対等に考慮するだけの柔軟性を備えている」べきである。[62] このように「思いやりを行動で示すこと、不利な状況を克服してきた経歴、貧者と対話する能力、あるいは他の重要と考えられる要件」を含む幅広い要因を考慮することで、「有益な教育上の多元主義」を推進することは受け入れられるだろう。[63]

パウエル裁判官の論拠は、数十年後でさえ勝利を収めた。[64] 少なくとも教育において人種の定員は受け入れられないが、一方で人種〔の違い〕は「プラス」であると考えられ、少なくともアフリカ系アメリカ人のためにはなると裁判所は見なしてきたのである。確かに、裁判所のなかには合衆国憲法は人種に対して中立を求めていると考える裁判官もおり、そのうち裁判所が何らかのかたちで人種が考慮されるのを禁じる可能性もある。では、禁じられるべきだろうか。

ここでの主たる関心は、パウエル裁判官の結論の主要な根拠である。すなわち、教室における「考え方の活発な交換」を保障することの価値であり、その交換を保障するために人種の多様性を推進することの正当性である。パウエル裁判官の意見が現代にもつ妥当性を理解するためには、アファーマティブ・アクションのプログラムを規定する憲法上の原則の要点を簡潔に述べておく必要がある。裁判所は、次のような見解に落ち着いた。すなわち、アファーマティブ・アクションのプログラムは人種差別を具現化した他のプログラムすべてと同様に裁判所による「厳格な審査」を受けるべきであり、それらがやむにやまれぬ国家の利益を達成するもっとも制限の少ない手段でないかぎり無効とされるべきである、という見解である。また、明らかなのは、この国で過去に行なわれた差別を意味するかつての「社会的差別」は、白人に対する差別の正当な根拠にならないということである。[65] 同様に明らかなのは、限定的かつ矯正的なアファーマティブ・アクションのプログラムは、現在差別是正に積極的に取り組んでいる機関が過去に行なったと判明している差別を正すというものであれば、少なくともしばらくのあいだは受け入れられるということである。[66]

いまだ不明確なのは、公共機関が過去の差別に対する救済を含まない「将来を考慮した」正当化理由に照らしてアファーマティブ・アクションを正当化することが認められるとすれば、それはどういった場合かということである。[67] たとえば、州によっては警察はとくにアフリカ系アメリカ人を含めることで――とりわけ複数の人種の人びとから構成されるコミュニティにおいては――効果をあげるのは疑いないと力説することで、警察官採用におけるアファーマティブ・アクションの正当性を主張するかもしれない。パウエル裁判官は実際に、高等教育について同様の主張を提示した。すなわち、大学自体がアフリカ系アメリカ人などを差別してきたかどうかに関わりなく、彼らに有利となるように差別をすることは「考え方の活発な交換」を保障する手段としてならば認められるべきである、と。ただし裁判所は、将来を考慮した正当化理由に関しては漠然とした見解を示した。

これまで見てきたように、大学は教員や学生の異種混合を求めることで多様性や異論を推進することが許されるのは疑いない。大学はさまざまな出自や才能や意見をもった人びとを求めることができる。この種の取り組みは広範囲にわたるものである。これこそ、多くの入試事務局が試みていることである。確かに、入試事務局がある特定の物の見方に賛成したり反対したりして差別をすれば、いくつかの深刻な言論の自由の問題を引き起こす可能性がある。しかし、仮に公共機関がある特定の物の見方を直接差別することで考え方の多様性を追求することは禁じられるとしても、そうした機関が修正第一条を侵害せず、より良い討議が生まれるのを期待して多様な出自や経験を求めることが認められるのは間違いない。

なるほど、人種はさまざまであり、ある機関が肌の色を理由に人を差別すれば、差別されているのが白人であっても、正当化は大きな困難に直面することになる。しかしパウエル裁判官が正しいとすれば、アファーマティブ・アクションのプログラムは同じように正当化されうる。ここでの考え方は、単純に言うと、人種的に多様な住民は多様な思想や物の見方を増し、集団的影響と結びついた同調やカスケードや極性化の危険を減らす可能性が高いということである。すでに見たように、裁判所において多様な見解をもった裁判官は「内部告発者」の役割を果たし、法に関する思慮に欠ける見解を修正することができる。教育機関において人種的多様性を含む高い度合いの多様性は、同じ効果を及ぼすだろう。人種的に画一的なクラスは、学生が重要な物の見方に耳を傾けないというただそれだけの理由で、論点によっては筋の通らない考え方へ極性化しうるのである。

たとえば、全員白人の教室で人種のプロファイリング〔犯人の特徴の統計的な推論〕の問題を議論すればどうなるか、人種的多様性の欠如は深刻な問題となりうることは容易に想像ができよう。そのようなプロファイリングの結果として、ひどい経験をしたことのない人びとは、決定的に重要な情報を欠くことになる。サンドラ・デイ・オコナー裁判官は、アフリカ系アメリカ人の裁判官サーグッド・マーシャルについて次のような意見を述べた。「マーシャル裁判官は、特殊な物の見方をもたらした。……彼の発する言葉は、沈黙させられた人びとの怒りを知り、彼らに声を与える人のそれだった。……私はおそらく話し上手なマーシャル裁判官から個人的にもっとも影響を受けてきた。……時折、私は今でも気がつくと〔裁判官席での〕合議の場で彼が眉を上げたり目をキラキラさせたりしているのを期待して探し、おそらく私の世界の見方をまもなく変えてくれるような別の話をもう一度だけ聞くことを期待しているのである」(68)。

オコナー裁判官に当てはまることは、多くの教育現場での白人学生に当てはまる。人種のプロファイリングの場合や、他の多くの想像しうる事例において、一定の人種的多様性によって価値ある情報や物の見方が取り入れられる可能性は高い。これらは、内容の是非の面で集団が異なる結論に至るかどうかに関わりなく、その世界の見方を変えうるのである。

このように述べたからといって、白人は全員人種的プロファイリングについてお互いに一致しており、アフリカ系アメリカ人はその複雑な争点に関して同じ経験や意見をもっているなどという馬鹿げた主張をしたことにはならない。そして、どの人種の構成員にも人種的プロファイリングについて幅広く肯定・否定双方の見方をもった人びとが含まれているという事実に照らして、次のように答えることが可能だろう。つまり、何か問題があるとすれば、それは集団が全員白人だからではなく、その構成員が最初から人種的プロファイリングに関して画一的な見方をもっている場合、それをもっていることが問題なのである、と。重要なことは、考え方の多様性であって人種的多様性ではない。そうものはなにか。

だとすると、むしろ見解の多様性ではなく、人種的出自の多様性を推進することによって付け加わる

その答えは、アフリカ系アメリカ人は彼らの経験によって議論自体になにかしらを付け加えることができるということにちがいない。それは信じがたいものでは決してないように思われる。学生が人種的プロファイリングの重大さや経験についてなにか知る必要がある場合、そのようなプロファイリングにさらされてきた人びとは新しい洞察を提起することができるだろう。その場合、アフリカ系アメリカ人が実際に人種的プロファイリングに対して異常に強い敵対心を抱いているとしたら、そのこと自体に知る価値があり、理解しようと試みるべき論点がある。彼らがそのような敵対心を示さないとしても、同じことが言える。むろん、人びとを多様な見方に触れさせるため、読み物で補完することもできなくはない。ただ、多様性の価値は事実について学ぶことだけにあるのではない。それは、幅広い物の見方を、それに付随する感情を込みにして実際に見て取ること――幅広い物の見方をもった、そうそうむげには扱えなさそうな人間の前に実際に立ってみること――にもあるのだ。

これらの点は、公正を旨とする大学が、教室内の議論で理にかなった物の見方の多様性を保障するように策定された一連の方針を擁護するのに使えるだろう。教育事業では広範囲な考え方が重要であるため、その目的は正当かつ切実なものだと思われる。アファーマティブ・アクションのプログラムは、その目的を推進する最小の限定的な手段だろうか。その答えは、そのプログラムの性格次第である。人種を一つの要素として用いた、「もっとも制限の少ない手段」の審査条件を真に満たす注意深い取り組みを想像することは容易である。そして、こうした点を挙げるだけでも、パウエル裁判官の

アプローチが本質的に正しいことを示すのに十分である。

確かに、多様な物の見方の重要性に関する同様の議論が、かなり大雑把なかたちで、もっともやる価値のなさそうな状況にも援用されるかもしれない。たとえば、ほとんどがアフリカ系アメリカ人の大学で、白人に有利になるようなアフリカ系アメリカ人に対する差別を擁護する一手段として、多様性の必要に注意を向ける取り組みがあったとしよう。そうした大学は、集団的影響の危険を減じ、議論の質を改善させるため、白人が十分に代表されることが望ましいと主張するかもしれない。なるほど、これまで言ってきたことからすると、この議論は一応は正当なものということになる。完全にアフリカ系アメリカ人からなる教室が同調効果や極性化の問題を抱えるのはもっともなことであり、教育機関はその状況の矯正を望むこともあるかもしれないからだ。

裁判所がこのような脈絡で行なわれた主張を疑うことがあるとすれば、それを実践する人びとの誠実さを信用していないからである。裁判所は、多様性を引き合いに出すことが実際に不法な差別の口実になっていると考えるかもしれない。しかし、多様性が本当の関心であり、いかなる口実も含まれない事例を想像することは容易である。私が行なっている議論は限定的で、控えめなものである。しかし、なかには、人種の多様性が当該学校の教育課程を改善するのに重要であるという事例もある。しかし、一この主張が極端に説得力に欠けるように思える事例もある。数学の授業、あるいは物理の講座は、一定の人種的多様性を含むことで改善されるだろうか。その可能性は低いように思われる。裁判所がアファーマティブ・アクションのプログラムを審査しようとするならば、裁判所は高等教育における多様性の論理的根拠に対して、全面的に反対か賛成かの判決を出すべきではない。大学教育の文脈では、裁判所はその論理的根拠を受け入れるべきであるが、それは「考え方の活発な交換」を促進するために人種的多様性が必要でないようなプログラムに対してではない。ロースクールの場合、人種の問題が法学教育におけるさまざまの重要な局面で中心的な位置を占めるという点だけでも、「ニーズに合わせて」厳密に定められたアファーマティブ・アクションのプログラムが憲法上の審査を乗り切るには十分なはずである。

結論　同調とそれへの不満

人は、他人が送る情報や評判のシグナルに細心の注意を払う。多くの人が個々人がもつ情報に基づいて他人が誤っているかより悪いと信じる理由がある場合でさえ、これらのシグナルは同調を引き起こす。情報や評判の影響はカスケードも引き起こし、その場合に人びとは自分たちのもつ情報を信頼せず、公にしない。カスケードや間違いは、人びとが自分たちに先行する決定や発言を考慮すると同時に生じる。間違いは、人びとが同調によって報賞を与えられる場合に拡大し、個人の正確な決定ではなく集団レベルでの正しい決定によって人びとが報賞を与えられる場合に最小化される。

同調と同じく、カスケードそれ自体が問題なのではない。カスケードは、少なくとも人びとが自分のもつ情報だけに頼る状況に比べると、良い結果を生むことがある。本当の問題は、カスケードが生じていると、人びとが他人に有益となるような情報を公にしないことである。その結果、個人としても公共・民間を問わない集団としても、時として大惨事をもたらすような大間違いをおかしうる。法を制定・執行・解釈することに関わる諸機関は、同調やカスケードの影響を受ける。結果として、政府機関はよく大間違いをしてきた。これまで見てきたように、裁判所内では先例主義によるカスケードが生じる可能性が高く、複雑な分野ではなおさら高い。そういった分野では、カスケードは無限に繰り返すものであると同時に、他のものを受け付けなくなる傾向がある。

ここから一般的に学べる点は明らかである。個々人がもつ見解や情報の公開を促進するような制度を考案することがきわめて重要だということである。そうせずに同調に見返りを与えるような機関は、失敗する傾向がある。逆に、開放性や異議申し立てを規範とする機関は、成功する可能性がきわめて高い。こうした点は、集団極性化の危険に大きな影響を及ぼす。同じ考えをもった人びとの集団は、蓄積された主張が限定され評判を考慮するというただそれだけの理由から極端に至る可能性が高い。その結果として生じる意見の変化は不当であるおそれがある。「回路遮断器」を作り、幅広い情報があれば支持しえないような変化を打ち消すのに役立つことになる制度上の取り決めを考案することがきわめて重要なのである。

こうした点は、法や政策におけるさまざまな争点に対して示唆を与える。本書では、そうした論点のごく一部に焦点を当ててきた。これまでに見たように、社会的影響の評価は法の表出機能に新たな光を投げかけるものである。法に書いてあるというだけで、たとえほとんど執行されることがなくとも、法はある行為をすべきか確信をもてない人びとの行動に――その振る舞いをする人びとに異議申し立てをすべきかどうか確信をもてない人びとの行動にも――影響を与えうる。公共の場での喫煙やセクシャルハラスメントの禁止はその好例である。この点で、法の有効性は、他の人びとが適切な振る舞いと考えていることについて情報を提供することで適切な振る舞いに関するシグナルを与え多元的無知を解消するその力にある。ある法の制定は、ソロモン・アッシュの実験におけるサクラやスタンリー・ミルグラムの実験者と同じような効果を発揮できる。人びとは他人の反応を気にかけるがゆえに、該当する行動が人目につくものである場合には法の表出機能が高められるだろう。

同じ理由で、法律違反予備軍が自分たちを後押しするようなサブコミュニティのなかで生きているとすれば、その機能は弱められるだろう。麻薬の使用禁止がいい例だ。それゆえ、われわれは社会的影響のことが理解できていれば、どのような時に法が書いてあるだけで有効である可能性が高いか――またどのような時に法が強い執行を伴わなければ有効でないか――をある程度予測することができる。

これまで言わんとしてきたのは、アメリカ合衆国憲法上の多くの制度が同調やカスケードや極性化による悪い結果の可能性を減じるのに役立つということである。そうした制度は、重要な情報や別の物の見方が世間に公表される可能性を高める。両院制はもっとも分かりやすい例である。それは、異なる文化をもつ二つの機関によって立法がなされることで、不当な動きを潜在的に抑制する仕組みを生み出す。同じく私が強く主張したのは、起草者たちが、議論の余地のなかった討議民主主義を支持したことではなく、彼らが（ハミルトンの言葉を使えば）「諸党派の不協和」を「討議を促進する」手段と見なし、統治機関における異種混合のために熱心に取り組んだことに彼らのもっとも際立った貢献がある、ということである。

より議論を呼ぶ点で言えば、社会的影響の理解から言えるのは、連邦裁判官における高い度合いの多様性を保障する重要性である。分類としては共和党指名の裁判官も民主党指名の裁判官と変わりないと主張するのは馬鹿げたことであり、したがって、どの合議体にも他の二人とは異なる党の裁判官が一人いるようにして、潜在的な「内部告発者」を受け入れることの価値を評価するのはもっともなことである。もちろん裁判官が無法な振る舞いをすることはまれだが、同じ考えをもった裁判官の集団は極端に至る傾向がある。また、信念や行動に及ぶ社会的影響を評価すれば、高等教育における人種的多様性を推進する取り組みの正当性は支持されるし、少なくとも人種的多様性が学習を改善する可能性が高いような高等教育ではそうである。

ときとして憂慮すべきことがあるとしても、ここで論じられた行動のほとんどは一般市民が道理をわきまえていることや彼らの良識を証明している。疑いが生じたとき、われわれは他人の物の見方に注意を払うのが賢明である。結局のところ、彼らの方がよく知っているかもしれないのだ。他の人びとに真っ向から異議を唱えることに慎重であるのは賢明なことである。なぜなら、相手が正しいかもしれないからというだけでなく、人が異議を出されたいとはかぎらないためでもある。どんなに自由を愛好する社会でさえ、人びとは危険を覚悟で反対意見を言う。意見を異にしようとしないことは賢明であるだけでない。それは礼儀正しいということも多い。しかし、同調は深刻な危険を引き起こす。自分たちに有益な事実や意見を知ることができないという理由だけで、良識のある賢明で礼儀正しい行動が個人や社会を大失敗させる可能性は高いのだ。

同調する人びとは全体の利益に役立っており、異論を申し立てる人びとは反社会的で、利己的でさえあると通常考えられる。これはある面では正しい。ある状況下では、同調者は社会的紐帯を強め、一方で異論を申し立てる人はそれを危険にさらし、少なくとも緊張関係を生じさせる。しかし重要な点で、この通常の考えは事態を逆に理解している。たいてい大衆に従うのは個人の利益にはなるが、個々人が最善だと思うことを言ったりしたりするのは社会の利益になるのである。正しく機能する制度が同調を妨げ、異論を促す措置を講じるのは、一部は異論を申し立てる人びとの権利を守るためではあるが、大部分は制度自体の利益を守るためなのである。

訳者あとがき

同調は、日本の読者にとって馴染みの薄いテーマではないだろう。たとえば、同調と聞いて日本社会にある「空気」を連想される読者も多いのではないか。かつて山本七平は『「空気」の研究』(文藝春秋、一九七七年)において、過去にも現在にも日本社会には「教育も議論もデータも、そしておそらく科学的解明も歯がたたない〝何か〟」があると指摘した。この「空気」と本書で言う「同調」の分析には類似点があるが、注意すべき相違点もある。

まず、山本によれば、「空気」とは現実的でも合理的でもないと言って「ないこと」にしても消えない〝何か〟であるという。

……「ないこと」にすれば逆にあらゆる歯どめがなくなり、そのため傍若無人に猛威を振るい出し、「空気の支配」を決定的にして、ついに、一民族を破滅の淵まで追い込んでしまった。

良し悪しは別にして、それは「あること」を前提にして向き合わなければ、ある集団や社会、もしくは国家をも破滅させかねない。山本が例に挙げる「戦艦大和」の特攻出撃の例は、「いわばベテランのエリート集団の判断」でもあった。この点は本書の指摘とも重なる。

本書で紹介される、ある意味でもっともセンセーショナルな同調の事例は、連邦最高裁所裁判官のそれである。なるほど、最高裁判事はアメリカ合衆国において公平かつ自由を象徴し、よって権威をもつエリート集団のはずだ。しかし、彼らも「熟議」の結果として、すなわち同じ考えの同僚判事と話せば話すほど、もともとの傾向に比べて極端な結論に至る可能性が高い。つまり、保守的ないしリベラルな判事が同じく保守的ないしリベラルな同僚と議論すればするほど、極端に保守的ないしリベラルな判決が出る。サンスティーンは、この種の同調（圧力）を「集団極性化」と呼ぶ。このことが深刻なのは、「知識」の多寡が問題では必ずしもないところにある。

他方で、山本の場合、「空気」を日本人論として指摘し、思考や判断以前に存在する〝何か〟として論じている。これに対してサンスティーンは本書で、同調を特定の国や社会ではなく人びとがどの集団に属していても至りうる社会的プロセスとして「科学的」に解明しており、またそれを「一つの宗教的絶対性」をもつものとは考えない。したがって、そのような現象を「ないこと」にはできないとしても、これがある集団や社会、国家にとって破滅的な影響を及ぼさないようにすることは可能だと言うのである。

確かに、山本も「空気」に対する処方箋をまったく提示していないわけではない。それは物事を「相対化」するという姿勢にあるという。逆にすべての物事を「相対化」し、対立概念によって把握しなければ、言葉やその対象が「絶対化」されてしまうのである。これは本書に即して言えば、あらゆる問題について、対立する考え方、異なる視点が存在することを社会や集団のなかで保証することが「絶対化」を防ぎ、集団が大間違いしない秘訣なのだ。
とはいえ、山本はやはりその姿勢をユダヤ・キリスト教文化に由来するものと論じるのである（空気に「水を差す」日本文化の研究を予告してもいる）。これに対してサンスティーンが提示するのは、特定の社会や文化を超えた、同調に向き合う制度や考え方である。

このように対照させることで気づくのは、わたしたちは同調を「空気」と同一視することで、それを所与の〝何か〟としてしまい、そこで思考停止していないか、言い換えれば、その社会的プロセスを解明することを等閑にしてきたのではないか、ということである。結果、戦前戦後も日本社会は、なかなかその社会に特有とされる「同調」から抜け出すことができない。もちろん、この点で日本社会に特有の習性がなにかしらあることは否定できないし、〝空気〟を「ないこと」にはできない。しかし、制度や考え方を変えることで、その弊害を少なくはできる。本書がなにより教えてくれるのはこのことである。

なるほど、同調はつねに悪い現象というわけではない。たとえば、わたしたちは日常的にある問題について自分よりも専門的な知識をもつ人や情報に従ったり皆が同じように法に従ったりする。あるいは、同年輩の女性が「みんなと同じ」ファッションをしたり、家庭をもったりする。本人がどれほど意識しているかはともかく、その方がコストが低いとみなされる。つまり、その選択は個人が社会のなかで生活をしていくには「合理的」でありうる。

しかし、同調は他の情報や異なる意見が出てくるのを抑圧するおそれがある。そうなると、社会的にはコストが大きく、それは時として破滅的な結果をもたらす。しかも、その危険は今ネット空間を通じて大きくなっている。なぜなら、ネット空間においては、自分と似通った考えをもつ者同士が集まって、自分と同じ(または聞きたい)意見や情報ばかりを目にすることが日常的に行われるからだ。その結果、情報が偏るだけでなく、自分(たち)とは異なる意見やその根拠となる情報が受け容れられないようになるおそれがある。

この種の同調圧力は、討議に基づくデモクラシーを機能不全に陥れる可能性があると著者は言う。逆に言えば、民主主義国家が権威主義国家に対して優位を保てるかどうか——新型コロナウイルス(COVID-19)のパンデミックのなかで話題になった争点——は、それを回避できるかどうかにかかっている。日常的にも同調圧力は、政治経済におけるイノヴェーションを減退させ、さらには集団として共有する情報の質を著しく損なわせ、結果として大きな間違いをおかしうる。そのリスクは議会や政党だけでなく、企業やサークルなど、社会にあるさまざまな集団にあてはまる。その事実を踏まえれば、わたしたちが今、本書を通じて「同調」について考える意義は決して小さくないだろう。

＊

本書は、Cass R. Sunstein, *Conformity: The Power of Social Influence* (New York: NYU Press, 2019) の全訳である。四部構成で、第一章では社会心理学の知見を用いて「同調」について考える一般的な枠組みを提示し、そのうえで第二章では「カスケード」、第三章では「集団極性化」について論じる。カスケードとは、情報や評判面での社会的影響という点で「集団極性化」と同種の現象だが、熟議を伴うことなく集団を一定の方向に急激に向かわせるという点で異なる（「カスケード」はもともと階段状の滝の意味で、意見や行動が次々に影響を及ぼしてゆく様子を比喩的に表現したものである）。少数の人の考えや行動が先例となって、大勢の人の考えや行動に影響を与えるところに特徴がある。ファッションリーダーやインフルエンサーと呼ばれる人びとは、そうした影響を日常的に起こしている。これに対して、第四章は、同調が司法制度や社会政策に及ぼす影響を論じる一方、それに対する処方箋を提示する。それが裁判所の構成や高等教育におけるアファーマティブ・アクション（積極的差別是正措置）など、具体的に示されている点に本書の際立つ特徴がある。

著者キャス・サンスティーン（Cass R. Sunstein）はハーヴァード大学ロースクール教授で、専門は憲法、行政法、法哲学、行動経済学など多岐におよぶ。一九五四年生まれ。ハーヴァード大学ロースクールを修了したあと、アメリカ合衆国の連邦最高裁判所や司法省に勤務し、一九八一年よりシカゴ大学ロースクール教授を務め、二〇〇八年より現職。オバマ政権では行政管理予算局の情報政策および規制政策担当官を務めた。

著書は多数あるが、主著はほとんどすべて翻訳されている。本書と関係の深い訳書を一部紹介すれば、インターネットが民主社会に及ぼす影響に早くから注目した『インターネットは民主主義の敵か』（石川幸憲訳、毎日新聞社、二〇〇三年）や、このテーマの重要論文を集成した『熟議が壊れるとき——民主政と憲法解釈の統治理論』（那須耕介編・監訳、勁草書房、二〇一二年）、ネットの社会的影響を論じ直した『#リパブリック——インターネットは民主主義になにをもたらすのか』（伊達尚美訳、勁草書房、二〇一八年）などがある。

翻訳作業はまず、はしがき・序章・第一章・第二章を永井が、第三章・第四章・結論を髙山が下訳したうえで、それぞれの翻訳を検討し手を入れ、最後にミーティングを開いて調整した。訳語について少し注記すると、conformity は――マイナスのイメージが糊塗されがちだが――「同調」と訳した（タイトルは出版社の意向で「同調圧力」とした）。deliberation の訳語には「討議」を用いた。著者は熟議が結論を極端にさせる過程を解明する一方、「討議」の意義は否定せず、そのされ方――同調を予防するような仕掛けのない討議――を問題にする。その点で、彼は「異質性を重んじる討議民主主義」の可能性を追求している。また、もう一つの鍵概念である cognitive diversity は、「認知における多様性」と訳した。物の考え方における多様性（多元性）という含意がある。サンスティーンは、それを「理にかなった多様性」とも表現し、無差別な多様性と区別している。彼にとって、デモクラシーが持続可能であるためには「認知における多様性」が尊重されなければならない。

本書には法学や心理学の用語や説明が頻繁に出てきて、どちらも専門ではない訳者は訳語の選定に迷うこともあったが、刊行が予定より遅れたのはなにより新型コロナウイルスの直接・間接の影響が大きい。それでも、なんとか翻訳を刊行できる運びになったのは、訳者が本書を今出版する意義を強く感じたためである。また、二人での翻訳作業、正確に言えば、編集者を交えた三人での会合がちょうど良い息抜きになったからでもあると思う。永井・髙山のコンビでは三冊目の翻訳になるが、今回も本書を世に問えるのは、誰よりもその意義を理解し、その機会を作ってくれた編集者の竹園公一朗氏のおかげである。

今世界では大規模な戦争が続く。そんな時でも、短著ではあるがこのように公刊できることに感謝したい。原著者を含め本書の刊行に携わったすべての方々にお礼を申し上げます。

二〇二三年初夏　訳者を代表して

高山裕二

白水社の本

■カス・ミュデ、クリストバル・ロビラ・カルトワッセル
永井大輔、髙山裕二訳
ポピュリズム
デモクラシーの友と敵

移民排斥運動からラディカルデモクラシーまで、現代デモクラシーの基本条件としてポピュリズムを分析した記念碑的著作。

■エリカ・フランツ　上谷直克、今井宏平、中井遼 訳
権威主義
独裁政治の歴史と変貌

デモクラシーの後退とともに隆盛する権威主義——その〈誘惑〉にいかにして備えればいいのか？　不可解な隣人の素顔がここに！

■デイヴィッド・ガーランド　小田透 訳
福祉国家
救貧法の時代からポスト工業社会へ

エスピン＝アンデルセン激賞！「他に類を見ない重量級の小著であり、福祉国家に関心を持つすべての人にとっての決定的入門書」

■髙山裕二
トクヴィルの憂鬱
フランス・ロマン主義と〈世代〉の誕生

初めて世代が誕生するとともに青年論が生まれた革命後のフランス。トクヴィルらロマン主義世代に寄り添うことで新しい時代を生きた若者の昂揚と煩悶を浮き彫りにする。

■レオ・ダムロッシュ　永井大輔、髙山裕二訳
トクヴィルが見たアメリカ
現代デモクラシーの誕生

大衆的な大統領ジャクソンの治世、西へと膨張を続ける一方、はやくも人種問題が顕在化して分裂の兆候を示すアメリカ。すべてが極端なこの地で、トクヴィルは何を見たのか？

■ニコラス・フィリップソン　永井大輔 訳
アダム・スミスとその時代

誘拐された幼少期から、母との閉じた日々、ヒュームの友情、執拗な隠匿癖まで、「経済学の祖」の全体像を初めて示した決定版評伝。「暗い」精神が産んだ明るい世界！

■ニコラス・フィリップソン　永井大輔 訳
デイヴィッド・ヒューム
哲学から歴史へ

誰も論じることが出来なかった『イングランド史』に分け入り、哲学から歴史へ向かった巨人の足跡を初めて明らかにした決定版評伝。

訳者略歴

永井大輔（ながい・だいすけ）
一九七四年生まれ。東京大学大学院総合文化研究科博士課程単位取得退学。二〇〇三年から〇五年まで英オックスフォード大学に留学。現在、法政大学および武蔵大学兼任講師。専門は十九世紀アイルランド史。主な訳書にフィリップソン『アダム・スミスとその時代』、同『デイヴィッド・ヒューム』、ミュデ他『ポピュリズム』（以上、白水社）など。

髙山裕二（たかやま・ゆうじ）
一九七九年生まれ。早稲田大学大学院政治学研究科博士課程修了。博士（政治学）。現在、明治大学政治経済学部准教授。専門は政治学・政治思想史。『トクヴィルの憂鬱』（白水社）で渋沢・クローデル賞、サントリー学芸賞を受賞。主な著書に『憲法からよむ政治思想史』（有斐閣）、主な訳書にミュデ他『ポピュリズム』（白水社）など。

同調圧力
デモクラシーの社会心理学

二〇二三年　八月一〇日　第一刷発行
二〇二四年　三月一五日　第五刷発行

著　者　キャス・サンスティーン
訳　者 ©　永井大輔
　　　　　髙山裕二
発行者　岩堀雅己
印刷所　株式会社三陽社
発行所　株式会社白水社
東京都千代田区神田小川町三の二四
電話　営業部〇三（三二九一）七八一一
　　　編集部〇三（三二九一）七八二一
振替　〇〇一九〇・五・三三二二八
郵便番号　一〇一・〇〇五二
www.hakusuisha.co.jp
乱丁・落丁本は、送料小社負担にてお取り替えいたします。

株式会社松岳社

ISBN978-4-560-09365-8
Printed in Japan

索 引

あ行

か行

さ行

た行

な行

は行

ま行

や行

ら行

わ行

欧文

註

はしがき

(1) Anna Collar, *Religious Networks in the Roman Empire* (2014) において貴重な議論がなされている。

(2) 古典的な扱い方としては、Edna Ullmann-Margalit, *The Emergence of Norms* (1976) が、ゲーム理論を大きく取り上げつつ、ここでの議論を一部補完するものとなっている。

(3) Whitney v. California, 274 US 357, 376 (1927) (Brandeis, J., concurring).

(4) Bob Dylan, "Absolutely Sweet Marie" (1966), at https://www.bobdylan.com.

序章

(1) David Schkade et al., *What Happened on Deliberation Day?* 95 Calif. L. Rev. 915 (2007) を参照。

(2) David Schkade, Cass R. Sunstein, and Daniel Kahneman, *Deliberating about Dollars: The Severity Shift*, 100 Colum. L. Rev. 1139 (2001) を参照。

(3) 本段落で述べたことは、おもに以下の文献に基づく。William Landes et al., *Rational Judicial Behavior: A Statistical Study*, 1 J. Legal Analysis 775 (2009); Cass R. Sunstein et al., *Are Judges Political?* (2006); and Richard L. Revesz, *Environmental Regulation, Ideology, and the DC Circuit*, 83 Va. L. Rev. 1717, 1755 (1997). おおむね同じ趣旨のことを述べているものとしては Frank Cross and Emerson Tiller, *Judicial Partisanship and Obedience to Legal Doctrine*, 107 Yale L.J. 2155 (1998) を参照のこと。クロスとティラーによると、3名とも共和党の裁判官で構成される合議体の場合、2名が共和党で1名が民主党の場合よりも、行政機関による決定を却下し、したがって政治的な理由でその合議体から予想のつくような結論に達する可能性がはるかに大きくなることが判明した。合議体のもたらす影響に関する文献は豊富であり、議論についてはさまざまの修正や精緻化が行なわれている。データ付きの貴重な議論としては、Pauline Kim, *Deliberation and Strategy on the United States Courts of Appeals: An Empirical Exploration of*

Panel Effects, 157 U. Pa. L. Rev. 1319 (2009). 同じく貴重な議論であり、複数の研究を概観し、分析したものは Joshua Fischman, *Interpreting Circuit Court Voting Patterns: A Social Interactions Framework*, 31 J. Law, Economics, and Organization 808 (2015). Christina Boyd et al., *Untangling the Causal Effects of Sex on Judging*, 54 Am. J. Polit. Sci. 389 (2010) は、女性裁判官の存在が男性の裁判官たちの投票に影響を与えるかどうかを調査したものである――そして性差別を扱う事例に関しては実際に影響があることが判明している（性差別を訴える側に有利な判断を下す確率が、裁判官ひとりあたり 10 パーセント増加する）。Morgan Hazelton et al., *Panel Effects in Administrative Law: A Study of Rules, Standards, and Judicial Whistleblowing*, 71 S.M.U. L. Rev. 445 (2018) はさまざまな行政法の領域において合議体効果がみられるかどうかを調べたものである。Jonathan Kastellec, *Panel Composition and Voting on the U.S. Courts of Appeals over Time*, 64 Polit. Res. Q. 377 (2011) によると、合議体の構成比が司法の動向に影響を及ぼすようになったのは、比較的近年になってからにすぎないことが分かっている。Lewis Wasserman and John Connolly, *Unipolar Panel Effects and Ideological Commitment*, 31 A.B.A. J. Lab. & Emp. Law 537 (2016) によると、言論の自由をめぐる特定の事例においては、民主党政権に任命された裁判官は合議体の構成比に影響を受けないが、共和党政権に任命された裁判官は著しく影響を受けることが判明している。

(4) Luther Gulick, *Administrative Reflections from World War II* (1948) を参照。

(5) Harold H. Gardner, Nathan L. Kleinman, and Richard J. Butler, *Workers' Compensation and Family and Medical Leave Act Claim Contagion*, 20 J. Risk and Uncertainty 89, 101–10 (2000) を参照。

(6) たとえば George A. Akerlof, Janet L. Yellen, and Michael L. Katz, *An Analysis of Out-of-Wedlock Childbearing in the United States*, 111 Q.J. Econ. 277 (1996) を参照。

(7) Edward Glaeser, E. Sacerdote, and Jose Scheinkman, *Crime and Social Interactions*, 111 Q.J. Econ. 507 (1996) を参照。

(8) Robert Kennedy, *Strategy Fads and Strategic Positioning: An Empirical Test for Herd Behavior in Prime-Time Television Programming*, 50 J. Industrial Econ. 57 (2002) を参照。

(9) Andrew F. Daughety and Jennifer F. Reinganum, *Stampede to Judgment*, 1 Am. L. & Econ. Rev. 158 (1999) を参照。

(10) それゆえにミルは以下のように主張するのである。「ところが、意見表明を沈黙させることには独特の弊害がある。沈黙させることで人類全体が失ってしまうものがある、ということである。現世代の人々ばかりでなく、後世の人々にとっても、失うものがある。その意見に賛成する人々に

も、それにもまして、その意見に反対する人々にも、失うものがある。〔第一に〕もしその意見が正しいのであれば、人々は誤謬を真理に取り替える機会を失う。〔第二に〕もし誤りであっても、ほとんど同じぐらい大きな利益を失う。真理と誤謬との衝突があれば、それによって、真理はさらに明確にされ、いっそう鮮烈な印象が得られる。この大きな利益を失ってしまうのである」。John Stuart Mill, *On Liberty*, in *Utilitarianism: On Liberty; Considerations on Representative Government* 85 (H. B. Acton ed. 1972).〔J. S. ミル『自由論』、関口正司訳、岩波書店、2020 年、42–43 頁〕

(11) Alan B. Krueger, *What Makes a Terrorist?* (10th anniversary edition, 2018) を参照。

(12) Timur Kuran, *Ethnic Norms and Their Transformation through Reputational Cascades*, 27 J. Legal Stud. 623, 648 (1998) を参照。

(13) Cass R. Sunstein, *Why They Hate Us: The Role of Social Dynamics*, 25 Harv. J.L. & Pub. Pol'y 429 (2002) を参照。

(14) Russell Hardin, *The Crippled Epistemology of Extremism*, in *Political Rationality and Extremism* 3, 16 (Albert Breton et al. eds. 2002) を参照。

(15) 食品選びの決め方に絡めて面白く概観したものとしては、Joseph Henrich et al., *Group Report: What Is the Role of Culture in Bounded Rationality?*, in *Bounded Rationality: The Adaptive Toolbox* 353–54 (Gerd Gigerenzer and Reinhard Selten eds. 2001) を参照のこと。たとえば「ドイツ人の多くが、チェリーを食べたあとに水を飲むと死ぬ恐れがあると考えている。また、ソフトドリンクに氷を入れるのは健康に悪いとも考えている。ところがイングランド人は、チェリーのあとにむしろ冷たい水をおいしく飲んでいるし、アメリカ人はキンキンに冷えた清涼飲料が大好きである」。*Id.* at 353. 一般読者向けの説明としては、Paul Omerod, *Butterfly Economics* (1993) も参照のこと。

(16) Mathew Adler, *Expressivist Theories of Law: A Skeptical Overview*, 148 U. Pa. L. Rev. 1363 (2000); Deborah Hellman, *Symposium: The Expressive Dimension of Governmental Action: Philosophical and Legal Perspectives*, 60 Md. L. Rev. 465 (2001) も参照のこと。

(17) Robert Kagan and Jerome Skolnick, *Banning Smoking: Compliance without Enforcement*, in *Smoking Policy: Law, Politics, and Culture* 78 (Robert L. Rabin ed. 1999) を参照。

第一章

(1) Dominic Abrams et al., *Knowing What to Think by Knowing Who You Are: Self-Categorization and the Nature of Norm Formation, Conformity, and Group*

Polarization, 29 British J. Soc. Psychol. 97 (1990) を参照。集団の成員であることや〔所属集団をめぐる〕自己類別については、John Turner et al., *Rediscovering the Social Group: A Self-Categorization Theory* 42–67 (1987) で大きく取り上げられている。

(2) Muzafer Sherif, *An Experimental Approach to the Study of Attitudes*, 1 Sociometry 90 (1937) を参照。Lee Ross and Richard Nisbet, *The Person and the Situation* 28–30 (1991) では、うまく概略がまとめられている。

(3) Ross and Nisbet, *supra* note 2, at 29 を参照。

(4) *Id.* を参照。

(5) *Id.*

(6) *Id.* at 29–30 を参照。

(7) Jonathan Thomas and Ruth McFadyen, *The Confidence Heuristic: A Game-Theoretic Approach*, 16 J. Econ. Psych. 97 (1995); Paul Price and Eric Stone, *Intuitive Evaluation of Likelihood Judgment Producers: Evidence for a Confidence Heuristic*, 17 J. Behav. Decision Making 39 (2004); Dan Bang et al., *Does Interaction Matter? Testing Whether a Confidence Heuristic Can Replace Interaction in Collective Decision-Making*, 26 Consciousness and Cognition 13 (2014).

(8) Robert Cialdini, *Influence: The Psychology of Persuasion* 208–36 (1993) での権威に関する議論を参照せよ。少数派の見解でも、その見解の持ち主が首尾一貫し自信をもった人物であれば、影響力をもつことがあるという証拠については、Robert Bray et al., *Social Influence by Group Members with Minority Opinions*, 43 J. Personality and Soc. Psychol. 78 (1982) を参照のこと。

(9) Abrams, *supra* note 1, at 99–104 を参照。

(10) the overview in Solomon Asch, *Opinions and Social Pressure*, in *Readings about the Social Animal* 13 (Elliott Aronson ed. 1995) を参照。

(11) Solomon Asch, *Social Psychology* 453 (1952).

(12) Asch, *Opinions and Social Pressure*, *supra* note 10, at 13.

(13) *Id.* at 16 を参照。

(14) *Id.* を参照。

(15) Rod Bond and Peter Smith, *Culture and Conformity: A Meta-Analysis of Studies Using Asch's Line Judgment Task*, 119 Psychol. Bulletin 111, 116 (1996) を参照。

(16) *Id.* at 118 を参照。

(17) *Id.* at 128 を参照。

(18) Ronald Friend et al., *A Puzzling Misinterpretation of the Asch "Conformity" Study*, 20 Eur. J. of Soc. Psychol. 29, 37 (1990) を参照。Richard Griggs et al.,

The Disappearance of Independence in Textbook Coverage of Asch's Social Pressure Experiments, 42 Teaching of Psych. 137 (2015) も重要である。

(19) Asch, *Social Psychology*, *supra* note 11, at 457–58.

(20) *Id.* at 466.

(21) *Id.* at 470 を参照。

(22) *Id.* を参照。

(23) しかしながら、これらの同調者のなかには、仲間たちの方が正しかったのではという考えとはまったく別に、仲間からの影響を受けやすいことを恥ずかしくて認められなかった者もいたのかもしれない。そうした理由から、この説明を疑問視することもできなくはない。

(24) Robert Shiller, *Irrational Exuberance* 149–50 (2000) を参照。

(25) Bond and Smith, *supra* note 15, at 124 を参照。

(26) Asch, *Opinions and Social Pressure*, *supra* note 10, at 23–24 を参照。

(27) Robert Baron et al., *Group Process, Group Decision, Group Action* 66 (2d ed. 1999) を参照。

(28) Asch, *Opinions and Social Pressure*, *supra* note 10, at 21.

(29) *Id.*

(30) Sophie Sowden et al., *Quantifying Compliance and Acceptance through Public and Private Social Conformity, Consciousness and Cognition* 65 Conscious Cogn. 359 (2018) を参照。

(31) *Id.*

(32) B. Douglas Bernheim and Christine Exley, *Understanding Conformity: An Experimental Investigation* (2015), at https://www.hbs.edu.

(33) B. Douglas Bernheim, *A Theory of Conformity*, 102 J. Polit. Econ. 841 (1994) を参照。

(34) Spee Kosloff et al., *Assessing Relationships between Conformity and Meta-Traits in an Asch-Like Paradigm*, 12 J. Influence 90 (2017).

(35) Kees Van Den Bos et al., *Reminders of Behavioral Disinhibition Increase Public Conformity in the Asch Paradigm and Behavioral Affiliation with Ingroup Members*, Front. Psych. (2015), at https://www.frontiersin.org を参照。

(36) John Stuart Mill, *On Liberty*, in *Utilitarianism: On Liberty; Considerations on Representative Government* 73 (H. B. Acton ed. 1972).

(37) Baron et al., *Group Process*, *supra* note 27 を参照。

(38) *Id.* を参照。

(39) Robert Baron et al., *The Forgotten Variable in Conformity Research: Impact of Task Importance on Social Influence*, 71 J. Personality and Social Psychol. 915 (1996) を参照。

(40) *Id.* at 923 を参照。

(41) *Id.* を参照。

(42) Daniel Goldstein et al., *Why and When Do Simple Heuristics Work?*, in *Bounded Rationality: The Adaptive Toolbox* 174 (Gerd Gigerenzer and Reinhard Selten eds. 2001) を参照。

(43) *Id.* を参照。

(44) Baron et al., *Forgotten Variable*, *supra* note 39, at 925.

(45) *Id.*

(46) Asch, *Opinions and Social Pressure*, *supra* note 10 を参照。

(47) Baron et al., *Group Process*, *supra* note 27, at 119–20 を参照。

(48) *Id.* at 18 を参照。ここで得られた知見は、童話の「裸の王様」を彷彿とさせる。その童話では、真実を暴露するには、まともなことを言う人が一人必要であり、また一人で十分であった。Hans Christian Anderson, *The Emperor's New Suit*, in *Shorter Tales* (Jean Hersholt trans. 1948; originally published 1837)〔ハンス・クリスチャン・アンデルセン「皇帝の新しい着物」『完訳 アンデルセン童話集』1 巻（改版）大畑末吉 訳 、岩波書店、1984 年、157–165 頁〕を参照。

(49) Brooke Harrington, *Pop Finance: Investor Clubs and New Investor Populism* (2008) を参照。

(50) *Id.* を参照。

(51) Abrams et al., *supra* note 1, at 104–10 を参照。

(52) Baron et al., *Group Process*, *supra* note 27, at 66 を参照。この点は Turner, *supra* note 1 の各所で強調されている。たとえば pp. 151–70 を参照のこと。

(53) Abrams et al., *supra* note 1, at 106–8 を参照。

(54) *Id.* を参照。

(55) *Id.* at 108 を参照。対照的に、自分がこれとは別の集団に属すると思っていた人の場合、実際には表立って出す答えの方が正確で同調しないものとなっていた。これにより、一つの興味深い謎が発生する——なぜ、一人きりで答えるときよりも表立って答える方が正確だったのか。別集団の人と意見を異にすることに積極的な価値がある（たとえ相手側の人の方が正しいのでは、と密かに勘づいていたとしても）と被験者が考えたという可能性を考慮すれば、この謎は解決する。実社会においては、対抗勢力や敵対勢力と同意見なのかと訊かれた場合に、このような影響が強くなることがある。たとえ答えがイエスであっても、同意見であることによって評判もしくは自己イメージを損なうことになるからというだけで、ノーと答えることもあるからだ。

少数派の与える影響については、一点特筆すべき知見がある。すなわち、相手の表立って述べられた見解よりも個人的な見解に対して与える影響の方が大きい、という点だ。Baron et al., *Group Process*, *supra* note 27, at

79–80 を参照。たとえば、同性愛者の権利について熱心に支持したり反対したりする少数派の人間は、人前で表明される見解よりも匿名の見解に対して影響を及ぼす。*Id.* at 80 を参照。無記名投票による効果に対して、この点が意味するところは明らかである。

(56) 自分が別集団に属していると考える人間が表立って発言する場合には、同調がもっとも少なく、正確さが最大になったという事実を取り上げてみよう。それと同時に、自分が同じ集団に属していると考える人間が表立って発言する場合には、同調を示し不正確な回答の数が最大になった――この実験条件での個人の不正確な回答の数は、他の実験条件のものと比べても取り立てて多くはなかったにもかかわらず、である。Abrams et al., *supra* note 1, at 108 を参照。

(57) アッシュの実験については、ほかにも特筆すべき知見がある。たとえば、従来から集団行動的な傾向があるとされる文化では、個人主義的な文化よりも同調効果が強い。「これまでの議論をふまえると、個人主義的な文化と集団主義的な文化とでは 、たとえば作業内容が意見を問うものである場合、社会的影響の受けやすさにおける差はさらに大きくなると考えてよいだろう」。Bond and Smith, *supra* note 15, at 128. 1950 年代以降、同調傾向は直線的に減少しており、時代が移るにつれて人びとが多数派の見解を斥けるのを厭わなくなってきていることを示している。*Id.* at 129 を参照。女性は男性よりも同調する率が高い。*Id.* at 130 を参照。この知見については、とくに指摘しておくだけの価値がある。地位の低い集団の成員は、さまざまな集団の混在する組織内では思ったままのことを言う可能性が低くなる、という一般的な知見とよく合致するからだ。Caryn Christenson and Ann Abbott, *Team Medical Decision Making*, in *Decision Making in Health Care* 267, 273–76 (Gretchen Chapman and Frank Sonnenberg eds. 2000) を参照。この最後の点からいえるのは、地位の低い人がちゃんと発言でき、その声を聞いてもらえるような仕組みを作るのが大切だということである。

(58) 通例と異なるこの解釈の発端となったのは、Thomas Blass, *The Milgram Paradigm after 35 Years: Some Things We Now Know about Obedience to Authority*, in *Obedience to Authority: Critical Perspectives on the Milgram Paradigm* 35, 38–44 (Thomas Blass ed. 1999). Shiller, *supra* note 24, at 150–51 も参照のこと。ミルグラムによる実験は依然として激しい論争の的になりやすく、この実験をどのように解釈するかについては、議論を巻き起こし続けている。Mel Slater et al., *A Virtual Reprise of the Stanley Milgram Obedience Experiments*, 4 PLoS ONE 1 (2006) では、設定を仮想空間にしてこの服従実験を検証している。それによると、被験者はあたかも現実世界であるかのような反応を示し、これはミルグラム実験と整合性の

ある反応でもあった。S. Alexander Haslam and Stephen Reicher, *Contesting the "Nature" of Conformity: What Milgram and Zimbardo's Studies Really Show*, 10 PLoS Biology 1 (2012) では、被験者が実験者と一体化した自己認識をした点と、それに付随する、実験者は正しい確率が高いという考えを大きく取り上げている――その説明は、筆者が本文で述べたことと矛盾しないものになっている。Gina Perry, *Behind the Shock Machine: The Untold Story of the Notorious Milgram Psychology Experiments* (2013) は（私見では）挑発的すぎるが、役に立つ細かい情報もあり、ブラスによって提起され筆者もここで依拠している、アッシュ的な説明と合致しているようにも読める。よく注意しておくだけの価値のある、別の見方によると、ミルグラムによる研究は「同調や服従の実際的な証明というよりも、確たる社会的アイデンティティをもったリーダーの存在が、フォロワーによる積極的で強い意識をもった行動をどれだけ誘発する力があるのか探るもの」として捉えた方がよいのではないかという提案がなされている。Stephen Reicher et al., *Working toward the Experimenter: Reconceptualizing Obedience within the Milgram Framework as Obedience-Based Followership*, 7 Perspectives on Psychological Sci. 315 (2012) を参照。

(59) Stanley Milgram, *Behavioral Study of Obedience*, in *Readings about the Social Animal* 23 (7th ed. 1995) を参照。

(60) *Id.* at 24.

(61) *Id.* at 25 を参照。

(62) *Id.* at 27.

(63) *Id.* at 29.

(64) *Id.* at 30.

(65) Stanley Milgram, *Obedience to Authority* 35 (1974)〔スタンレー・ミルグラム『服従の心理』山形浩生訳、河出書房新社、2008 年〕を参照。

(66) *Id.* at 23 を参照。

(67) *Id.* at 55.

(68) *Id.* at 55–57 を参照。

(69) *Id.* at 58 を参照。

(70) Jerry Burger, *Replicating Milgram: Would People Still Obey Today?*, 64 Am. Psych. 1 (2009).

(71) *Id.* at 34 を参照。

(72) Blass, *supra* note 58, at 42–44 を参照。

(73) Milgram, *Obedience to Authority*, *supra* note 65, at 113–22 を参照。

(74) *Id.* at 119 を参照。

(75) *Id.* at 118 を参照。

(76) *Id.* を参照。

第二章

(1) 以下を参照のこと。Matthew J. Salganik, Peter Sheridan Dodds, and Duncan J. Watts, *Experimental Study of Inequality and Unpredictability in an Artificial Cultural Market*, 311 Science 854 (2006); Matthew Salganik and Duncan Watts, *Leading the Herd Astray: An Experimental Study of Self-Fulfilling Prophecies in an Artificial Cultural Market*, 71 Soc. Psychol. Q. 338 (2008); Matthew Salganik and Duncan Watts, *Web-Based Experiments for the Study of Collective Social Dynamics in Cultural Markets*, 1 Topics in Cognitive Sci. 429 (2009).

(2) Salganik and Watts, *Leading the Herd Astray*, *supra* note 1.

(3) Timur Kuran and Cass R. Sunstein, *Availability Cascades and Risk Regulation*, 51 Stan. L. Rev. 683, 703–5 (1999) を参照。

(4) Andrew F. Daughety and Jennifer F. Reinganum, *Stampede to Judgment*, 1 Am. L. & Econ. Rev. 158 (1999) を参照。

(5) ここの議論は David Hirshleifer, *The Blind Leading the Blind*, in *The New Economics of Human Behavior* 188, 193–94 (Marianno Tommasi and Kathryn Ierulli eds. 1995) に依拠した。

(6) Id. at 195. 人は自分の前の者がどこまで追従しただけなのか分からないという点を重視した、役に立つ対処法については、Erik Eyster and Matthew Rabin, *Naïve Herding in Rich-Information Settings*, 2 Am. Econ. J.: Microecon. 221 (2010); Erik Eyster and Matthew Rabin, *Extensive Imitation Is Harmful and Irrational*, 129 Q.J. Econ. 1861 (2014) を参照のこと。

(7) Gina Kolata, *Risk of Breast Cancer Halts Hormone Replacement Study*, New York Times, at www.nytimes.com (July 11, 2002) を参照。

(8) Hirshleifer, *supra* note 5, at 204.

(9) John F. Burnum, *Medical Practice a la Mode*, 317 New Eng. J. Med. 1201, 1220 (1987).

(10) Sushil Bikhchandani et al., *Learning from the Behavior of Others: Conformity, Fads, and Informational Cascades*, 12 J. Econ. Persp. 151, 167 (1998) を参照。

(11) Tim O'Shea, *The Creation of a Market: How Did the Whole HRT Thing Get Started in the First Place?*, Mercola, at (July 2001) を参照。

(12) Eric Talley, *Precedential Cascades: An Appraisal*, 73 So. Cal. L. Rev. 87 (1999) を参照。

(13) Daughety and Reinganum, *supra* note 4, at 161–65 を参照。

(14) Lisa Anderson and Charles Holt, *Information Cascades in the Laboratory*, 87 Am. Econ. Rev. 847 (1997) を参照。

（15） Angela Hung and Charles Plott, *Information Cascades: Replication and an Extension to Majority Rule and Conformity-Rewarding Institutions*, 91 Am. Econ. Rev. 1508, 1515 (2001) を参照。

（16） 例を挙げると、アンダーソンとホルトの実験では被験者の 72 パーセントが、また Marc Willinger and Anthony Ziegelmeyet, *Are More Informed Agents Able to Shatter Information Cascades in the Lab*, in *The Economics of Networks: Interaction and Behaviours* 291, 304 (Patrick Cohendet et al. eds. 1996) では、被験者の 64 パーセントがベイズの定理に則っていた。

（17） *Id.* at 291 を参照。

（18） Anderson and Holt, *supra* note 14, at 859.

（19） Hirshleifer, *supra* note 5, at 197–98 を参照。

（20） Willinger and Ziegelmeyet, *supra* note 16 を参照。

（21） *Id.* at 305 を参照。

（22） *See* Cass R. Sunstein, *#Republic* (2016), for some ideas.

（23） Hung and Plott, *supra*. note 15, at 1511 を参照。

（24） *Id.* at 1517 を参照。

（25） *Id.* at 1515 を参照。

（26） John Stuart Mill, *On Liberty*, in *Utilitarianism: On Liberty; Considerations on Representative Government* (H. B. Acton ed. 1972)〔J. S. ミル『自由論』関口正司訳、岩波書店、2020 年〕を参照。

（27） Joseph Henrich et al., *Group Report: What Is the Role of Culture in Bounded Rationality?*, in *Bounded Rationality: The Adaptive Toolbox* 356 (Gerd Gigerenzer and Reinhard Selten eds. 2001).

（28） Edward Parson, Richard Zeckhauser, and Cary Coglianese, *Collective Silence and Individual Voice: The Logic of Information Games*, in *Collective Choice: Essays in Honor of Mancur Olson* 31 (J. Heckelman and D. Coates eds. 2003).

（29） Timur Kuran, *Private Truths, Public Lies* (1997). 以下も参照。Christina Bicchieri and Yoshitaka Fukui, *The Great Illusion: Ignorance, Informational Cascades, and the Persistence of Unpopular Norms*, in *Experience, Reality, and Scientific Explanation* 89, 108–14 (M. C. Galavotti and A. Pagnini eds. 1999) を参照。すぐれた議論として Malcolm Gladwell, *The Tipping Point* (1999).

（30） Hans Christian Anderson, *The Emperor's New Suit*, in *Shorter Tales* (Jean Hersholt trans. 1948; originally published 1837)〔ハンス・クリスチャン・アンデルセン、「皇帝の新しい着物」『完訳 アンデルセン童話集』1 巻（改版）大畑末吉 訳、岩波書店、1984 年、157–165 頁〕を参照。

（31） Henrich et al., *supra* note 27, at 357 を参照。

（32） Hung and Plott, *supra* note 15, at 1515–17 を参照。

（33） *Id.* at 1516.

(34) Parson, Zeckhauser, and Coglianese, *supra* note 28 を参照。
(35) 役に立つ議論としては *Id.* を参照のこと。
(36) David Grann, *Stalking Dr. Steere*, New York Times, at 52 (July 17, 2001).
(37) Bicchieri and Fukui, *supra* note 29, at 93 を参照。
(38) Andrew Higgins, *It's a Mad, Mad, Mad-Cow World*, Wall Street Journal, at A13 (March 12, 2001; internal quotation marks omitted).
(39) Alexis de Tocqueville, *The Old Regime and the French Revolution* 155 (Stuart Gilbert trans. 1955).〔アレクシス・ド・トクヴィル『旧体制と大革命』小川勉訳、筑摩書房、1998 年を参照〕
(40) Russell Hardin, *The Crippled Epistemology of Extremism*, in *Political Rationality and Extremism* 3, 16 (Albert Breton et al. eds. 2002) を参照。
(41) Bicchieri and Fukui, *supra* note 29, at 114.
(42) Kuran, *supra* note 29 を参照。
(43) たとえば Larry Thompson, *The Corporate Scandals: Why They Happened and Why They May Not Happen Again*, Brookings Institution (2004; recounting the history of the Corporatep-Fraud Task Force); Sarbanes-Oxley Act of 2002, Pub. L. 107–204 (2002) を参照のこと。
(44) *Judge Puts Pledge of Allegiance Decision on Hold*, Bulletin's Frontrunner, at www.lexis.com (June 28, 2002).
(45) すぐれた議論としては、Kuran, *supra* note 29 を参照のこと。
(46) *Id.* を参照。
(47) *Id.* を参照。
(48) Joseph Raz, *Ethics in the Public Domain* 39 (1994).
(49) Amartya Sen, *Poverty and Famines* (1983)〔アマルティア・セン『貧困と飢饉』黒崎卓・山崎幸治訳、岩波書店、2000 年〕を参照。
(50) Edwin Cameron, *AIDS Denial in South Africa*, 5 Green Bag 415, 416–19 (2002) を参照。
(51) F. A. Hayek, *The Use of Knowledge in Society*, 35 Am. Econ. Rev. 519 (1945) を参照。
(52) 概略としては *Heuristics and Biases: The Psychology of Intuitive Judgment* (Thomas Gilovich et al. eds. 2002) を参照のこと。
(53) たとえば Roger Noll and James Krier, *Some Implications of Cognitive Psychology for Risk Regulation*, 19 J. Legal Stud. 747 (1991) を参照のこと。
(54) Paul Slovic, *The Perception of Risk* 40 (2000) を参照。
(55) Kuran and Sunstein, *supra* note 3 を参照。

第三章

(1) Roger Brown, *Social Psychology* 203–26 (2d ed. 1985) を参照。一見、集団極性化はコンドルセの陪審定理と矛盾すると見なしうる。その定理によれば、人びとが正解と不正解2つの答え方のある、ありふれた問題に答えようとしているとき、また各投票者が正確に答える可能性が50パーセントを超えているとき、集団の多数決によって正しい回答が出る可能性は集団の規模が大きくなるにつれて確実に高まる。優れた概説として、Paul H. Edelman, *On Legal Interpretations of the Condorcet Jury Theorem*, 31 J. Legal Stud. 327, 329–34 (2002) を参照。その定理の重要性は、多数決が用いられ、また各人が正解を出す可能性の方が高いならば、集団は個人よりも、大きな集団は小さな集団よりもうまくやる可能性が高いと論証したことにある。しかし、集団極性化に巻き込まれると、個々人は自分で判断をしない。すなわち、他人の判断に影響されるのである。単独で判断しようとしても、間違う人びとがなかにはいると、集団が個人よりもうまくやるとはまったく言えない。経験的な証拠としては、Norbert Kerr et al., *Bias in Judgment: Comparing Individuals and Groups*, 103 Psychol. Rev. 687 (1996) を参照。理論上の争点に関しては、David Austen-Smith and J. S. Banks, *Information Aggregation, Rationality, and the Condorcet Jury Theorem*, 90 Am. Pol. Sci. Rev. 34 (1996) を参照。

(2) Brown, *supra* note 1, at 204 を参照。

(3) *Id.* at 224 を参照。

(4) Albert Breton and Silvana Dalmazzone, *Information Control, Loss of Autonomy, and the Emergence of Political Extremism* 53–55 (Albert Breton et al. eds. 2002) を参照。

(5) とはいえ、集団極性化は他人の意見に触れただけで起こることがある。Robert Baron et al., *Group Process, Group Decision, Group Action* 74 (2d ed. 1999) を参照。

(6) David Schkade, Cass R. Sunstein, and Daniel Kahneman, *Deliberating about Dollars: The Severity Shift*, 100 Colum. L. Rev. 1139 (2001) を参照。

(7) *Id.* at 1152, 1154–55 を参照。

(8) Cass R. Sunstein et al., *Punitive Damages: How Juries Decide* 32–33 (2002) を参照。

(9) *Id.* at 36 を参照。

(10) 上位5つの怒りの事例で平均的な変動が他のすべての部類の事例よりも11パーセント高かったことを示した、Schkade et al., *supra* note 6, at 1152 を参照。その効果は金銭のためにさらに劇的なものになる。高額の報酬によって著しく上方に変動した事例は、同書を参照。この所見は、極端な人

間はお互いの議論の結果として変動する可能性がもっとも高く、またもっとも変動する可能性があるという別の研究結果と密接に関係している。John Turner et al., *Rediscovering the Social Group* 154–59 (1987) を参照。

（11） Sharon Groch, *Free Spaces: Creating Oppositional Spaces in the Disability Rights Movement*, in *Oppositional Consciousness* 65, 67–72 (Jane Mansbridge and Aldon Morris eds. 2001) を参照。

（12） Baron et al., *Group Process*, *supra* note 5, at 77 を参照。

（13） R. Hightower and L. Sayeed, *The Impact of Computer-Mediated Communication Systems on Biased Group Discussion*, 11 Computers in Human Behavior 33 (1995) を参照。

（14） Patricia Wallace, *The Psychology of the Internet* 82 (2000).

（15） Brown, *supra* note 1, at 200–45 と Sunstein, *supra* note 8 を参照。

（16） Brown, *supra* note 1, at 217–22 を参照。

（17） Caryn Christensen and Ann Abbott, *Team Medical Decision Making*, in *Decision Making in Health Care* 271 (Gretchen Chapman and Frank A. Sonnenberg eds. 2000) を参照。

（18） Robert Baron et al., *Social Corroboration and Opinion Extremity*, 32 J. Experimental Soc. Psychol. 537 (1996) を参照。

（19） *Id.*

（20） Chip Heath and Richard Gonzales, *Interaction with Others Increases Decision Confidence but Not Decision Quality: Evidence against Information Collection Views of Interactive Decision Making*, 61 Organizational Behavior and Human Decision Processes 305–26 (1997) を参照。

（21） Brown, *supra* note 1, at 213–17 を参照。

（22） Baron et al., *Group Process, supra* note 5, at 74 を参照。

（23） *Id.* at 77 を参照。

（24） Schkade et al., *supra* note 6, at 1152, 1155–56 を参照。

（25） *Id.* at 1140 を参照。

（26） *Id.* at 1161–62 を参照。

（27） Christensen and Abbott, *supra* note 17, at 269 を参照。

（28） Timothy Cason and Vai-Lam Mui, *A Laboratory Study of Group Polarisation in the Team Dictator Game*, 107 Econ. J. 1465 (1997) を参照。

（29） *Id.* を参照。

（30） *Id.* at 1468–72 を参照。

（31） これは懲罰的な損害賠償研究で、極端な中央値をもった集団が最大の変動を示したことから得られた教訓である。Schkade et al., *supra* note 6, at 1152 を参照。他の証拠として、Turner et al., *supra* note 10, at 158 を参照。

（32） Maryla Zaleska, *The Stability of Extreme and Moderate Responses in Different*

Situations, in *Group Decision Making* 163, 164 (H. Brandstetter, J. H. Davis, and G. Stocker-Kreichgauer eds. 1982) を参照。

(33) Dominic Abrams et al., *Knowing What to Think by Knowing Who You Are: Self-Categorization and the Nature of Norm Formation, Conformity, and Group Polarization*, 29 British J. Soc. Psychol. 97, 112 (1990) を参照。

(34) Hans Brandstatter, *Social Emotions in Discussion Groups*, in *Dynamics of Group Decisions* (Hans Brandstatter et al. eds. 1978) を参照。Turner et al., *supra* note 10, at 154–59 は、この証拠を利用して、「集団極性化における自己カテゴリー化理論」と彼らが呼ぶ新たな合成の基礎にしようとしている。*Id.* at 154.

(35) Brandstatter, *supra* note 34 を参照。相対的に〔考えが〕極端な人びとの集団は、極端な方に比較的大きく〔考えを〕変えるという、とくに興味深い含意に関しては、Turner et al., *supra* note 10, at 154–59 を参照。*Id.* at 158 も参照。

(36) Turner et al., *supra* note 10, at 151 を参照。

(37) *Id.* を参照。

(38) Russell Spears, Martin Lee, and Stephen Lee, *De-individuation and Group Polarization in Computer-Mediated Communication*, 29 Brit. J. Soc. Psych. 123–24 (1990) を参照。

(39) Russell Hardin, *The Crippled Epistemology of Extremism*, in *Political Rationality and Extremism* (Albert Breton et al. eds. 2002) を参照。

(40) James Fishkin and Robert Luskin, *Bringing Deliberation to the Democratic Dialogue*, in *The Poll with a Human Face* 3, 29–31 (Maxwell McCombs and Amy Reynolds eds. 1999) を参照。

(41) Alan Blinder and John Morgan, *Are Two Heads Better than One? An Experimental Analysis of Group vs. Individual Decisionmaking*, NBER Working Paper 7909 (2000) を参照。

(42) *Id.* at 44–46 を参照。

(43) Eugene Burnstein, *Persuasion as Argument Processing*, in *Group Decision Making* (H. Brandstetter, J. H. Davis, and G. Stocker- Kreichgauer eds. 1982) を参照。

(44) Brown, *supra* note 1, at 225 を参照。

(45) Amiram Vinokur and Eugene Burnstein, *The Effects of Partially Shared Persuasive Arguments on Group-Induced Shifts*, 29 J. Personality & Soc. Psychol. 305 (1974) を参照。

(46) *Id.* を参照。

(47) Brown, *supra* note 1, at 226.

(48) *Id.*

(49) Abrams et al., *supra* note 33, at 112 を参照。

第四章

(1) Mathew Adler, *Expressivist Theories of Law: A Skeptical Overview*, 148 U. Pa. L. Rev. 1363 (2000) を参照。
(2) Robert Kagan and Jerome Skolnick, *Banning Smoking: Compliance without Enforcement*, in *Smoking Policy: Law, Politics, and Culture* (Robert L. Rabin ed. 1999) を参照。
(3) *Id.* を参照。
(4) *Id.* at 72.
(5) *Id.* at 72–73 を参照。
(6) *Id.* at 78.
(7) Dan M. Kahan, *Gentle Nudges v. Hard Shoves: Solving the Sticky Norms Problem*, 67 U. Chi. L. Rev. 607 (2000) を参照。
(8) 基本的な証拠のいくつかは、Cass R. Sunstein, *Simpler* (2013) のなかで論じた。
(9) Kagan and Skolnick, *supra* note 2, at 78.
(10) Stephen Coleman, Minnesota Department of Revenue, *The Minnesota Income Tax Compliance Experiment State Tax Results* 1, 5–6, 18–19 (1996), at http://www.state.mn.us を参照。
(11) H. Wesley Perkins, *College Student Misperceptions of Alcohol and Other Drug Norms among Peers*, in *Designing Alcohol and Other Drug Prevention Programs in Higher Education* 177–206 (U.S. Department of Education ed. 1997) を参照。
(12) Luther Gulick, *Administrative Reflections from World War II* 120–25 (1948) を参照。
(13) *Id.* at 120.
(14) *Id.* at 121.
(15) *Id.* at 120–23.
(16) *Id.* at 125.
(17) *Id.*
(18) *Id.* 当該制度が反対意見を奨励しないと民主国家内で生じる間違いのまとまった事例に関しては、Irving Janis, *Groupthink* (2d ed. 1982) も参照。
(19) Gulick, *supra* note 12, at 125 を参照。
(20) Brutus, *Essays of Brutus*, in 2 *The Complete Anti-Federalist* 369 (H. Storing ed. 1980).
(21) Alexander Hamilton, *The Federalist* No. 70, at 426–37 (Clinton Rossiter ed.

1961).〔『ザ・フェデラリスト』齋藤眞ほか訳、福村出版、1991年、393頁〕。アッシュの次の主張と比較せよ。「見解の衝突は、かなり重要なことを引き起こす。私は私自身の行為を別の人が見ているように見るため、ある特定の物の見方を受け入れるようになる。……そうなると、私のなかには私のものと他人のもの、2つの物の見方があり、どちらとも今では私の考え方の一部である。このように、私個人の思考の限界は他人の思考を含めることで乗り越えられる。いまや人の助けを受けない自身の理解が可能にするよりも多くの選択肢を進んで取り入れる。不一致は、その原因が理解できるものであれば、われわれの客観的認識を豊かにし強くしうるのである」。Solomon Asch, *Social Psychology* 131–32 (1952). まったく異なる学問分野でジョン・ロールズは、同じようなことを述べている。「日々の暮らしにおいては、他者との意見の交換が私たちの偏りに歯止めをかけ、私たちの視界を広げる。他者の観点から物事を見るようにさせられることによって、自分の物の見方の限界を痛感させられる。……議論に利益があるのは、代議制の立法者たちでさえ知識と推論能力に限界があるからである。代議制の立法者たちのなかに、他の者が知っていることのすべてを知っている者はいないし、協調して出しうる推論と同じ推論をすべて一人で出しうる者もいない。論議とは情報を組み合わせて論拠の幅を広げる方法にほかならない」。John Rawls, *A Theory of Justice* 358–59 (1971).〔『正義論　改訂版』川本隆史ほか訳、紀伊國屋書店、2010年、473頁。訳語を一部変更〕。この考え方は、アリストテレスまで遡ることができる。アリストテレスは次のように示唆していた。多様な集団が「全員一緒に集まる」とき、「彼らは少数のもっとも優れた人々に——個人としてではなく全体として、ひとつの集団として——優ることがありうる。……討議の過程に多くの人々が寄与するとき、各自がそれぞれの美徳や思慮を持ち寄ることができる。……ある人はある部分を評価し、別の人は別の部分を評価することで、全員はあらゆる部分を評価することになる」。Aristotle, *Politics* 123 (E. Barker trans. 1972).〔神崎繁ほか訳『アリストテレス全集17』岩波書店、2018年、158～159頁を参照〕。ここでの私の議論は、なぜ、どういった状況下でこの見解が正しいか、あるいは誤りうるかということを示すことに当てられている。

(22) Roger Sherman, 1 *Annals of Congress* 733–45 (Joseph Gale ed. 1789).

(23) James Wilson, *Lectures on Law*, in 1 *The Works of James Wilson* 291 (Robert Green McCloskey ed., 1967).

(24) *The Records of the Federal Convention of 1787*, at 359 (Max Farrand ed., rev. ed. 1966).

(25) Alexander Hamilton, *The Federalist* No. 78, at 528 (J. Cooke ed. 1961).〔前掲訳書、381頁〕。

(26) James Madison, *Report of 1800*, January 7, 1800, in *17 Papers of James Madison* 344, 346 (David Mattern et al. eds. 1991).

(27) *Miami Herald Publishing Co. v. Tornillo*, 418 US 241 (1974) (striking down a right-of-reply law) を参照。

(28) Anne Phillips, *The Politics of Presence* (1995) を参照。Iris Young, *Justice and the Politics of Difference* 183–91 (1994) も参照。

(29) Richard L. Revesz, *Environmental Regulation, Ideology, and the DC Circuit*, 83 Va. L. Rev. 1717 (1997); Frank Cross and Emerson Tiller, *Judicial Partisanship and Obedience to Legal Doctrine*, 107 Yale L.J. 2155 (1998) も参照。

(30) Cass R. Sunstein et al., *Are Judges Political?* (2006) と Richard L. Revesz, *Ideology, Collegiality, and the DC Circuit*, 85 Va. L. Rev. 805, 808 (1999) を参照。多くの参考文献に関して、the introduction, note 3 も参照。また、Jonathan P. Kastellec, *Hierarchical and Collegial Politics on the U.S. Courts of Appeals*, 73 J. Pol. 345 (2011); Jonathan P. Kastellec, *Racial Diversity and Judicial Influence on Appellate Courts*, 57 Am. J. Pol. Sci. 167 (2013); William Landes et al., *Rational Judicial Behavior: A Statistical Study*, 1 J. Legal Analysis 775 (2009) も有益である。

(31) Revesz, *Ideology*, *supra* note 30, at 805, 808 を参照。

(32) *Id.* at 808 を参照。

(33) Calculated from Revesz, *Environmental Regulation*, *supra* note 29, at 1752.

(34) *Id.* at 1754 を参照。

(35) Landes et al., *supra* note 30; Sunstein et al., *Are Judges Political? supra* note 30 を参照。

(36) Thomas Miles and Cass R. Sunstein, *The Real World of Arbitrariness Review*, 75 U. Chi. L. Rev. 761 (2008); Revesz, *Environmental Regulation*, *supra* note 29, at 1754 を参照。

(37) Miles and Sunstein, *supra* note 36 を参照。

(38) *Id.* を参照。

(39) Revesz, *Environmental Regulation*, *supra* note 29, at 1754 を参照。

(40) *Id.* at 1754 を参照。

(41) *Id.* at 1753 を参照。

(42) *Id.* を参照。

(43) Cross and Tiller, *supra* note 29, at 2155 を参照。とりわけ合議体がもたらす効果や内部告発者がもたらす効果は、より最近の総合的な研究のなかでは見られない。Kent H. Barnett et al., *Administrative Law's Political Dynamics*, 71 Vand. L. Rev. 1463 (2018) を参照。

(44) *Chevron v. NRDC*, 467 US 837 (1984) を参照。

(45) Cross and Tiller, *supra* note 29, at 2169 を参照。

(46) Cross and Tiller, *id.*, at 2172–73 のデータに基づいて作成。
(47) *Id.* at 2174–76 を参照。とはいえ、Barnett et al., *supra* note 43 は内部告発者がもたらす効果をまったく確認していないことに留意すること。
(48) Cross and Tiller, *supra* note 29, at 2174–76 を参照。
(49) Revesz, *Environmental Regulation*, *supra* note 29, at 1755 を参照。
(50) Landes et al., *supra* note 30; Sunstein et al., *supra* note 30.
(51) Robert Baron et al., *Group Process, Group Decision, Group Action* 74 (2d ed. 1999) を参照。
(52) Revesz, *Environmental Regulation*, *supra* note 29, at 2175 を参照。
(53) David A. Strauss and Cass R. Sunstein, *The Senate, the Constitution, and the Confirmation Process*, 101 Yale L.J. 1491 (1992) を参照。
(54) *Hopwood v. Texas*, 78 F.3d 932, 944 (5th Cir. 1996); *Grutter v. Bollinger*, 288 F.3d 732 (6th Cir. 2002) を参照。
(55) *Regents of the Univ. of Cal. v. Bakke*, 438 US 265 (1978 [opinion of Powell, J.]) を参照。
(56) *Id.* at 311–12 を参照。
(57) *Id.* at 313.
(58) *Id.*
(59) *Id.* at 314.
(60) *Id.*
(61) *Id.* at 316–30 を参照。
(62) *Id.* at 317.
(63) *Id.*
(64) *Grutter v. Bollinger*, 539 US 306 (2003); and *Gratz v. Bollinger*, 539 US 244 (2003) を参照。
(65) *City of Richmond v. Croson*, 488 US 469, 477 (1989) を参照。
(66) *United States v. Paradise*, 480 US 149 (1987) と *Local No. 93, International Association of Firefighters v. Cleveland*, 478 US 616 (1987) を参照。
(67) 一般的議論としては、Kathleen M. Sullivan, *Sins of Discrimination: Last Term's Affirmative Action Cases*, 100 Harv. L. Rev. 78, 96 (1986) を参照。「公共や民間の雇用者は、みずからの過去の差別の罪を清算する以外にも多くの理由で、アファーマティブ・アクションを実行するのを選択することもある。たとえば、ジャクソン市〔ミシガン州〕教育委員会は、一つには――黒人生徒の成績を改善することによってかそれとも白人の優位がわれわれの社会制度を支配するのだという思想すべてを黒人と白人の生徒から等しく一掃することによって――ジャクソン市の教育の質を向上させるために、それを実行したと述べた。アファーマティブ・アクションのために将来を考慮した、さまざまな理由を掲げる雇用者もいる。ほんの少し例を挙

げれば、黒人コミュニティ向けのサービスを向上させることや、コミュニティ内での仕事の割当をめぐる人種間の緊張を回避すること、労働人口の多様性を増大することである。もしくは、雇用者はその業務から、人種的カースト制を実質的に体現しているようなものすべてを取り除くというためだけでも、アファーマティブ・アクションを採用することもある。これらの理由はすべて、人種が統合した未来を目指すものであって、どの理由も「人種の釣り合いをとること自体を目的に」したものではない」。

(68) Sandra Day O'Connor, *Thurgood Marshall: The Influence of a Reconteur*, 44 Stan. L. Rev. 1217, 1217, 1220 (1992) を参照。